Gerd Lüdemann / Rolf Wischnath
Streit um die Auferstehung

Die Leugnung der Auferstehung Jesu in Büchern und Zeitschriften durch den Göttinger Theologieprofessor Gerd Lüdemann provozierte den Generalsuperintendenten von Cottbus, Dr. Rolf Wischnath, zu einem polemischen Artikel gegen dessen Thesen in der evangelischen Wochenzeitung „Die Kirche". Eine sich daran anschließende kontroverse Leserdebatte zeigte, wie heftig dieses Thema die Gemüter bewegt. So veranstaltete die Redaktion der Zeitung „Die Kirche" am Vorabend des Reformationsfestes 1997 ein öffentliches Streitgespräch der Kontrahenten im Fürstenwalder Dom. Der vorliegende Band dokumentiert in Auswahl dessen publizistische Anfänge, die Leserdiskussion, das Gespräch in Fürstenwalde und die Berichterstattung darüber. Der Text des Streitgespräches ist von den Disputanten redigiert und leicht ergänzt worden.

Inhalt

Jesu Grab war nicht leer

Gerd Lüdemann,
Osterausgabe Berliner Zeitung 2./3. April 1994

Mit der provokanten These, daß Jesus nicht leiblich auferstanden und sein Grab voll und nicht leer gewesen sei,
schreckte der Göttinger Theologieprofessor Gerd Lüdemann
vor einigen Wochen die Christen aus ihrer fastenzeitlichen
Lethargie. Bereits vor dem Erscheinen seines Buches „Die
Auferstehung Jesu. Historie, Erfahrung, Theologie" Anfang
März wurde der Wissenschaftler deswegen von vielen Seiten
vehement attackiert. Mit Professor Gerd Lüdemann sprachen
Claudius Dahlke und Olaf Weiss.

*Berliner Zeitung: Ostern steht vor der Tür. In Ihrem Buch
„Die Auferstehung Jesu. Historie, Erfahrung, Theologie" ver-
treten Sie die These: „Das Grab war voll und nicht leer" –
Jesus ist nicht leiblich auferstanden. Wie ist demnach die
Bedeutung des Osterfestes zu interpretieren?*

Gerd Lüdemann: Daß es Jesus von Nazareth gegeben hat, daß
er Mensch geworden ist wie du und ich.

*Wird die historische Person Jesus ohne die (körperliche) Auf-
erstehung glaubwürdiger?*

Unbedingt! Ebenso wie die Aussagen, er sei von einer Jungfrau
geboren oder sei sündlos gewesen, hat die Lehre seiner körper-
lich-fleischlichen Auferstehung zu oft dazu gedient, sein
Menschsein einzuschränken beziehungsweise aufzuheben.

Dann bezweifeln Sie also auch die „Jungfrauengeburt" und die „Sündlosigkeit" Jesu?

Mit Bestimmtheit! Die Jungfrauengeburt wird im ältesten Evangelium nicht genannt und ebenfalls nicht bei Paulus. Daß Jesus einen menschlichen Vater hatte, ist wissenschaftlicher Konsens. Die Frage nach der Sündlosigkeit Jesu wird selten angesprochen. Doch muß sie unbedingt historisch verneint werden. Jesus hat sich ja von Johannes dem Täufer taufen lassen, und zwar zur Vergebung der Sünden. Wie auch immer man Sünde verstehen mag – als Mangel an Gottes-, Nächsten- oder Elternliebe –, Jesus wäre nie Mensch gewesen, hätte er nicht gesündigt. Vielleicht darf ich noch hinzufügen, daß Jesus sich nie Gott genannt hat.

Sie definieren den Begriff „Auferstehung" als „das Leben, das fortan in der Gemeinde als Geist wirkt". Heißt das nichts anderes als die religiöse Verklärung menschlicher Erinnerung an Verstorbene?

Nur wenn Sie es formal sehen. Jesus hat uns Gott neu zu verstehen gelehrt, eine Hoffnung zum Leben gebracht, ein Feuer angezündet, das wie von selbst weiterbrennt.

Worin bestehen für Sie der Sinn und der Anlaß für die Denkvorstellung von der Auferstehung für den christlichen Glauben und die Kirche?

In der Hoffnung, daß die durch Jesus geschenkte Einheit mit Gott über den Tod anhält.

In einem Interview mit der „Evangelischen Zeitung" haben Sie trotz Ihrer Ablehnung der leiblichen Auferstehung für die

Beibehaltung des christlichen Glaubensbekenntnisses plädiert. Wie sind die Worte „ich glaube an die Auferstehung und das ewige Leben" mit Ihren Erkenntnissen vereinbar?

Sie sind insofern damit vereinbar, daß ich glaube: Die gegenwärtige Gemeinschaft mit Gott hält ewig über den Tod hinaus. Im übrigen bemühe ich mich in meiner Forschung darum, die große Lücke im Glaubensbekenntnis zwischen „geboren von der Jungfrau Maria" und „gekreuzigt unter Pontius Pilatus" durch die Rekonstruktion der Botschaft und Geschichte Jesu soweit wie möglich zu schließen. Das scheint mir heute die Forderung der Stunde zu sein.

Seit Jahren klagen die christlichen Kirchen in Deutschland über sinkende Mitgliederzahlen. Viele Menschen haben den Zugang zum Glauben verloren. Hoffen Sie, mit Ihren Thesen den Menschen einen Weg zu einem moderneren Christentum zu weisen?

Ich möchte meinen Zeitgenossen zeigen, wie das Christentum – menschlich gesehen – entstand und wie es heute für vernunftgeleitete Menschen eine echte Lebensmöglichkeit bietet. Ich betone die Wendung „menschlich gesehen" deswegen, weil die Bibel und besonders das Neue Testament trotz Aufklärung, trotz Entzauberung der Welt heute zum Teil noch wie eine Göttergeschichte gesehen wird, für die die Gesetze der modernen Welt nicht gelten. Die Festlegung der Bibel als Heilige Schrift und das Dogma, der heilige Geist habe die Verfasser der einzelnen Bücher inspiriert, haben dazu beigetragen, daß moderne Menschen sich in ihr nicht mehr wiederfinden können. Hier muß im Interesse der Heiligen Schrift – fast rücksichtslos – auf die ursprüngliche Aussage der einzelnen Schriften und auf die menschlichen (!) Verfasser zurückgegangen werden.

Was bleibt als Besonderheit des Christentums gegenüber anderen Religionen und atheistischen Philosophien wie dem Marxismus übrig, wenn ihm der Mythos der Auferstehung genommen wird?

Jesus ist und bleibt die Besonderheit des Christentums. Ohne Jesus wäre ich Agnostiker (Verfechter der philosophischen Lehre von der Unerkennbarkeit des übersinnlichen Seins; Anm. d. Verf.) oder vielleicht sogar Atheist.

Wenn eine Institution, die sich im Besitz der endgültigen Wahrheit wähnt, am Ende ist – wie weit sind dann unsere Kirchen vom Untergang entfernt?

Die Volkskirche ist vielleicht am Ende, nicht aber das Christentum, das nicht an die Existenz der Volkskirche gebunden ist. Im übrigen würde ich nicht pauschal von „unserer" Kirche sprechen. Ich hätte zum Beispiel als römisch-katholischer Theologieprofessor meine These nicht äußern können, ohne Schwierigkeiten mit meiner Kirche zu befürchten. Im evangelischen Raum hat es immer einen akzeptierten Liberalismus gegeben, und die radikal historische Erforschung der Bibel, um deren Recht es in der gegenwärtigen Auseinandersetzung geht, ist nicht zufällig gerade im protestantischen Bereich entstanden.

„Theologie besitzt, ohne zu suchen – Philosophie sucht, ohne zu finden", heißt es in Ihrem Buch. Wie können sich die beiden Wissenschaften gegenseitig aus dem Dilemma helfen?

Indem keine der Disziplinen ein Erkenntnisprivileg beansprucht und beide gemeinsam nach der Wahrheit suchen. Das einzige, was die Theologie der Philosophie voraus hat, ist die

Person Jesus von Nazareth, die geschichtlich zu erforschen ist.

Wen wollen Sie mit Ihren Thesen erreichen: streitbare Kollegen aus der theologischen Wissenschaft, die Kirchen oder die (Un-)Gläubigen?

Im idealen Fall natürlich alle, eigentlich aber nur diejenigen, die nach der Wahrheit suchen und mit dem bisher Erreichten nicht zufrieden sind.

Für uns „späte" Christen wird die Frage nach der Geschichte zur Schicksalsfrage, so schreiben Sie. Warum?

In der Gegenwart stehen sich die kirchlich-theologischen Vorstellungen (zum Beispiel der leiblich-fleischlichen Auferstehung Jesu) und das Wahrheitsbewußtsein der Neuzeit, das auch heilige Sperrbezirke historisch erforscht, wie zwei verschiedene Wirklichkeiten gegenüber. Wenn nicht eine vernünftige Vermittlung gelingt, drohen eine Schizophrenie und letztlich das Ende von Kirche und Theologie – oder es erfolgt eine Rückentwicklung zur Papstkirche des Mittelalters.

Welche persönlichen Erfahrungen und Erkenntnisse haben am stärksten auf die Entstehung Ihres Buches eingewirkt? Welchen Einfluß hatten Ihre Studenten auf Ihr Werk?

Das jahrzehntelange Leiden an der Ahnungslosigkeit beziehungsweise Unehrlichkeit in Theologie und Kirche beim Umgang mit dem Thema und die existentielle Entdeckung der Psychoanalyse in ihrer Bedeutung für die Religion. Zusätzlich die Beschäftigung mit der Theologiegeschichte des 19. Jahrhunderts. Meine Studentinnen und Studenten in Deutschland

und den USA haben mehrere Fassungen des Manuskripts
gelesen und durch Seminararbeiten und Diskussionen wichtige Denkanstöße gegeben.

*Ihr Buch ist bereits vor seinem Erscheinen vehement ange-
griffen worden. Welchen empfindlichen Nerv haben Sie bei
Ihren Kritikern vorab getroffen?*

Zum einen hat es Fundamentalisten getroffen, die natürlich
jegliche Kritik an ihrem buchstabengetreuen Glaubensgehäu-
se ablehnen. Besonders die In-Frage-Stellung der leiblich-
fleischlichen Auferstehung Jesu ist für sie ein Tabu. Zum
anderen haben aber auch – scheinbar – fortschrittliche Christen allergisch reagiert, die trotz aller Offenheit ihres Glaubens meinten, ich hätte nicht das Recht, vom vollen Grab Jesu
und der Verwesung seines Körpers zu reden. Hier habe ich
offenbar eine Schwachstelle ihres bisherigen Glaubens
getroffen. Vielleicht nehmen sie diese Diskussion um die Auferstehung Jesu zum Anlaß, kritisch darüber nachzudenken,
was sie wirklich glauben.

*Ist es Zufall, daß Ihr Buch unmittelbar vor Ostern erschienen
ist?*

Der Abschluß eines wissenschaftlichen Buches kann nie im
voraus bestimmt werden. Als aber seine Fertigstellung im
Herbst 1993 abzusehen war, habe ich seine Publikation in der
Zeit vor Ostern angestrebt, weil ich mir davon eine größere
Wirkung verspreche. Ich schreibe, um von möglichst vielen
gelesen zu werden und um möglichst viel zu bewirken. Also
Belehrung zum Zwecke der Belebung!

Warum die Kirche lügen muß

Gerd Lüdemann, Osterausgabe Die Woche 28. März 1997

Das bedrückendste Schauspiel im Kirchenjahr steht wieder vor der Tür. Von allen Kanzeln der Welt wird der Ruf erschallen: Jesus ist auferstanden. Obwohl eindeutig feststeht: Jesus hat sein Grab niemals verlassen, sein Leichnam ist verwest. Doch die Kirchenführer der beiden großen Konfessionen wagen es nicht, ihre Gemeindeglieder über wissenschaftliche Tatsachen aufzuklären, aus Furcht, diese könnten sonst ihren Glauben verlieren. Außerdem, sagen die Kirchenführer, käme es weniger auf die Historie als auf die Deutung an: In der Auferstehung Jesu habe das Leben den Tod besiegt. Doch statt klar zu sagen, daß die „Auferstehung" nur eine Interpretation ist, greift man weiter zu erbärmlichen Ausflüchten. Aus gutem Grund: Die Auferstehung Jesu ist ein unentbehrliches Requisit der Theologie – und zugleich beweist sie scheinbar unser aller Unsterblichkeit. Sie ist ein phantastisches Heilsangebot, mit dem die Kirchen der ganzen Welt zur Beruhigung der menschlichen Angst beitragen. Auch deswegen wollen die Staatsapparate die Macht der großen Kirchen erhalten, auch jetzt noch, wo diese kein tragfähiges ideologisches Fundament mehr besitzen und ihre Glaubwürdigkeit immer mehr einbüßen.

Auf welch einer brüchigen Basis kirchliche Verkündigungen stehen, zeigt sich nicht nur zu Ostern, sondern jeden Sonntag. In den Gottesdiensten erfolgt regelmäßig ein Bekenntnis zur Geburt Jesu durch die jungfräuliche Maria.

Ein harter Brocken, der besonders zu Weihnachten nur schwer zu schlucken ist, wenn Kirchenchöre hundertfach die „Jungfrau zart" rühmen. Die Protestanten sind hier in einer besseren Lage als die Katholiken. Deren Papst erklärte erst im Jahre 1950 die bis dahin als Fakt gehandelte körperliche (!) Himmelfahrt der Maria zum sinnbildlichen Lehrsatz, zum „göttlich offenbarten Dogma". Und erst vor vier Jahren stand im Katechismus der katholischen Kirche wieder einmal der steile Satz, Maria sei allezeit Jungfrau geblieben.

Was das konkret heißt: Auch während der Geburt Jesu blieb Marias Jungfernhäutchen unversehrt. Diese wunderbare Aussage ist zwar durchaus im Sinne Martin Luthers, demzufolge die jungfräuliche Geburt Jesu bei geschlossener Gebärmutter geschehen sei. Anders als ihre katholischen Kollegen haben aber die evangelischen Bischöfe solche Tollheiten längst ebenso verdrängt wie Luthers antisemitische Entgleisungen.

Doch auch die evangelische Kirche bemüht die Jungfrau Maria weiterhin, statt die Bischöfe einhellig erklären zu lassen, die Jungfrauengeburt sei zu streichen, denn Jesus sei nachweislich von Frau und Mann gezeugt worden.

Das Beharren auf der Jungfräulichkeit ist eine seltsame Mischung aus Frömmigkeit und Verteufelung der Herkunft Jesu aus dem menschlichen Geschlecht. Zudem wertet es besonders die weibliche Sexualität als etwas Schmutziges ab. Maria als „Gefäß" des Heiligen Geistes hat auch durch ihr Vorbild für Frauen nur als williges Werkzeug der Männlichkeit Gottes viel Schaden angerichtet. Noch mehr peinliche Verlegenheiten zerrütten die Legitimationsbasis der beiden großen Kirchen. Für die Christen der Gegenwart und Vergangenheit gilt die Bibel als Wort Gottes. Doch sie ist Menschenwerk. Und nur wer heute noch die geschichtliche Entstehung der Bibel leugnet, kann behaupten, die damaligen Verfasser hätten über ihre Zeitgenossen hinaus auch noch jene angesprochen, die 2000 Jahre später ihre Worte lesen würden. Doch trotz dieser gesicherten wissenschaftlichen Einsichten gilt die Bibel den Kirchen immer noch als Anrede Gottes, auch wenn diese Anrede in und durch Menschenwort geschieht. Diese Auffassung beruht auf einem naiv-durchtriebenen Schriftverständnis, das sich an der Oberfläche zwar historisch-kritisch gibt, aber gleichzeitig die historische Kritik zurechtstutzt und notfalls diffamiert. Unter der scheinbar aufgeklärten Oberfläche ist bei der katholischen, aber auch bei der evangelischen Kirche doch noch viel Fundamentalismus zu erkennen.

Das ist um so weniger verwunderlich, als beide großen Kirchen einem Gottesbild huldigen, verwurzelt im Alten und Neuen Testament, das weder Toleranz gegenüber Andersdenkenden noch Demokratiefähigkeit kennt: Gott gilt als König, als Herr, dem einfach zu gehorchen ist.

Deswegen kam es früher zu den blutigen Auseinandersetzungen der beiden Kirchen untereinander, deswegen haben sie auch heute noch Schwierigkeiten, in einem demokratischen Staatswesen wirklich mitzuarbeiten. Und daher rührt auch der christliche Antisemitismus der Vergangenheit.

Natürlich enthalten sich die Kirchen der Gegenwart tunlichst jeglicher antijüdisch klingenden Aussage und bemühen sich um einen echten Dialog mit Israel. Will man aber den kirchlichen Antisemitismus der Vergangenheit richtig verstehen, muß man erkennen, daß er in der Heiligen Schrift selbst wurzelt.

Dort wird nämlich Gewalt im Namen Gottes glorifiziert, Intoleranz geht mit dem Bewußtsein einher, auserwählt zu sein. Texte des Alten Testaments enthalten den rücksichtslosen Befehl Gottes, ganze Völker im heiligen Krieg rituell auszurotten.

Der heilige Krieg, wie er im 5. Buch Mose und im Buch Josua beschrieben wird, blieb zwar mehr Wunsch und Fiktion, als daß er Realität werden konnte. Trotzdem gilt in diesen Büchern des Alten Testaments das Abschlachten von besiegten Frauen, Kindern und Männern abscheulicherweise als Gebot Gottes, über dessen Einhaltung Gott eifersüchtig wacht, ja, auf dem er unbedingt besteht. Gemäß dem Buch Esra sollen im erwählten Volk Israel auch Mischehen aufgelöst werden. Der biblische Psalm 137 preist denjenigen Rächer, der die Kinder der Widersacher Israels am Felsen zerschmettert.

Das letzte Buch der Bibel, die Offenbarung des Johannes, rechnet diejenigen Juden, die in Jesus von Nazareth nicht den erwarteten Messias sehen können, der Synagoge des Satans zu; das Johannesevangelium diffamiert die jüdischen Gegner rundweg als Teufelssöhne.

Die Evangelien verwischen auch die Schuld der Römer am Tod Jesu, so daß der in Wahrheit brutale Pontius Pilatus am Ende sogar als Christenfreund in die Geschichte eingehen konnte. Für gläubige Christen ist die jüdische Niederlage der römischen Besatzungsmacht und die Zerstörung des jüdischen Tempels in Jerusalem nach Jesu Tod die gerechte Strafe Gottes. Am Ende der Apostelgeschichte spricht die entstehende Kirche der jüdischen Religionsgemeinschaft das Existenzrecht ab und ruft sich selbst zu deren Erben aus.

Die Tragödie des christlichen Antisemitismus beruht darauf, daß die christliche Kirche Gewalt ausgerechnet gegen ihre eigene Wurzel richtete, gegen das jüdische Volk. Sie entfachte eine Unheilsgeschichte sondergleichen; blutige Schatten reichen von endlosen Diskriminierungen über die mittelalterlichen Kreuzzüge indirekt bis hin zu den Konzentrationslagern der Nazizeit.

Diese wären undenkbar gewesen, hätten nicht die Kirchen fast einhellig 2000 Jahre lang verkündigt, die Juden würden für alle Zeiten büßen müssen, daß sie Jesus umgebracht hätten.

Angemessene Kritik kann daher nicht vor dem Inhalt der Bibel haltmachen. Man muß sich dem Befund stellen, daß dort Grausamkeit, Intoleranz und Genozid sozusagen von Gott verordnet oder zumindest legitimiert werden. Die Kritik muß ernst nehmen, was die religiöse Propaganda und ihre Gewaltutopien in der Geschichte bewirkt haben, und muß verhindern, daß all dies theologisch verharmlost wird. Doch wie viele der angeführten historischen Ergebnisse, wissenschaftlich eindeutig belegt, kommen in den Erklärungen der Bischöfe beider Konfessionen und in den Kirchenpredigten zum Tragen? Vermutlich sehr wenige. Im gerade verflossenen Martin-Luther-Gedenkjahr sprachen die bischöflichen Verlautbarungen Luthers antisemitische Hetzschrift von 1543 („Von den Juden und ihren Lügen") nicht an. Zur Jungfrau Maria äußern sich evangelische Bischöfe auch nicht, um ihre katholischen Kollegen zu schonen: Die Kirche muß lügen, um ihre Machtstellung im Staat nicht zu verspielen und um die scheinbar ahnungslosen Gläubigen bei der Stange zu halten.

Fast vollkommen gelingt das perfide Spiel. An unseren Universitäten erforschen, natürlich nach Konfessionen getrennt, streng an ihr kirchliches Glaubensbekenntnis gebundene Professoren die christliche Wahrheit. Ungetaufte dürfen kein staatliches Examen ablegen und schon gar nicht als Dozenten der theologischen Fakultät arbeiten: Theologie an den Hochschulen ist ausschließlich eine kirchliche Wissenschaft, abgesichert durch Monopolverträge mit dem Staat.

Um ihren gesellschaftlichen Einfluß zu erhalten, treten beide großen Kirchen öfter gemeinsam auf. Letztes Beispiel dafür ist das gerade veröffentlichte Sozialwort.[1] Hier haben

---

1 Für eine Zukunft in Solidarität und Gerechtigkeit. Wort des Rates der Evangelischen Kirche in Deutschland und der Deutschen Bischofskonferenz zur wirtschaftlichen und sozialen Lage in Deutschland, 1997.

die Kirchen alle gesellschaftlichen Gruppen aufgerufen, Arbeitsplätze zu erhalten und neue zu schaffen. Gleichzeitig ziehen sie sich selber – als immerhin zweitgrößter Arbeitgeber Deutschlands – aus der Verantwortung. Im evangelischen Bereich wird der früher so begehrte Nachwuchs heute großenteils vor die Tür gesetzt.

Verhaltensweisen, doppelbödig und nicht wahrhaftig. Wie lange mag die auf Verdummung der Gläubigen und enormen Privilegien beruhende Allgegenwärtigkeit der Kirche in unserem Staat noch dauern? Kann das Possenspiel mit Bibel, Bekenntnis und Alleinvertretungsanspruch in Sachen Sinn des Lebens auch in Zukunft gutgehen? Das Vertrauen weiter Teile des Bildungsbürgertums und der politischen Elite in die Ehrlichkeit der Kirchen ist an manchen Stellen bereits erschüttert. Und die Glaubwürdigkeit der Kirche wird weiter bröckeln, wenn Kirchenführer und Theologen nicht endlich ihre dogmatische Rumpelkammer aufräumen und klar sagen, was christlicher Glaube unter den Bedingungen unserer Neuzeit wirklich heißt. Andernfalls verspielen unsere Kirchen das Erbe des Christentums, ein Erbe, das zu unserer Kultur gehört. Und das kann in wirklich niemandes Interesse sein.

Notfalls auch gegen Gott

Gerd Lüdemann, Deutsches Sonntagsblatt 28. März 1997

Voraussetzung meines eigenen Verständnisses von Auferstehung ist zunächst die schmerzliche Einsicht, daß es an die herkömmlichen, am Neuen Testament orientierten Vorstellungen nicht anknüpfen kann. Denn Jesus ist im Grab geblieben, und sein Leichnam ist verwest. Jesu angebliche Wiederkunft zum Gericht hat sich, auch abgesehen von ihrem mythologischen Inhalt, dadurch erledigt, daß sein ursprünglich stündlich erwartetes Kommen auf den Wolken des Himmels seit 2000 Jahren ausgeblieben ist. Wer hier nicht eindeutig redet, verzichtet im Grunde auf echte Kommunikation.

Auferstehung hat mit meinem gegenwärtigen Leben zu tun. Wir leben nur einmal. Auferstehung heißt, ich sagen zu lernen. Dies vollzieht sich bei mir oft in Träumen. Zwei davon habe ich mehrmals geträumt.

Der erste: Ich saß in einem Kreis von Menschen. Wir erledigten die Geschäfte des Alltags. Alles verlief planmäßig wie an allen Tagen. Mit einem Mal brach ich ein. Der Stuhl, auf dem ich saß, war aus Pappe, ebenso der Boden, durch den ich einbrach. Dann fiel ich und sauste im freien Fall in die Tiefe. Ich war zu schwer geworden. Ich hielt den Atem an. Aber es war irgendwie gewiß, daß ich ankommen würde. Das geschah dann auch. Ich hatte endlich Grund unter die Füße bekommen.

Der zweite Traum: Ich rang mit Gott. Er war stark und wollte mich in eine Schlucht hinunterreißen, wo Lähmung, Schuld und Angst auf mich warteten. Als ich die Schlucht sah, erinnerte ich mich blitzartig daran, wie sehr mein Leben von

Lähmung, Schuld und Angst bestimmt war. Ich sagte mir: nie wieder – und wurde bärenstark. Mit letzter Kraft stieß ich Gott selbst in den Pfuhl hinab und wurde endlich frei.

Auferstehung heißt demnach, Grund unter die Füße zu bekommen, den eigenen Schwerpunkt zu finden und frei zu werden von Schuld, Lähmung und Angst, notfalls auch gegen Gott. Der Himmel ist die Kraft der Erde.

Aus Ruinen auferstanden

Rolf Wischnath, Predigt über Markus 16,1–8 im ZDF-
Fernsehgottesdienst im Dom zu Fürstenwalde, Ostern 1997

*Und als der Sabbat vorüber war, kauften Maria aus Magda-
la, Maria, die Mutter des Jakobus, und Salome wohlriechende Öle, um hinzugehen und ihn zu salben. Und frühmorgens
am ersten Tag nach dem Sabbat, als die Sonne aufging, kamen
sie zum Grab. Und sie sprachen zueinander: „Wer wird uns
den Stein vom Eingang des Grabes wegwälzen?" Und als sie
aufblickten, sahen sie, daß der Stein, der sehr schwer war,
weggewälzt war. Und da sie die Grabkammer betraten, sahen
sie einen Jüngling zur Rechten sitzen, angetan mit einem
leuchtenden Gewand; und sie erschraken sehr. Der aber
spricht zu ihnen: „Erschreckt nicht! Ihr sucht Jesus, den
gekreuzigten Nazarener? Er wurde auferweckt – [von Gott],
er ist nicht hier. Seht, da ist die Stelle, wo sie ihn hingelegt
hatten! So geht nun los und sagt seinen Jüngern und Petrus,
daß er euch nach Galiläa vorangeht; dort werdet ihr ihn
sehen, wie er euch versprochen hat." Da stürzten sie aus dem
Grab und flohen, weil Zittern und Entsetzen sie gepackt hatte.
Und sie sagten niemandem etwas, denn sie fürchteten sich.*

„Erschreckt nicht!" sagt die Gestalt, die in der Grabkammer
sitzt, zu den drei Frauen mit den Namen Maria aus Magdala,
Maria, die Mutter des Jakobus, und Salome. „Erschreckt
nicht!" Aber das, was sie nicht sollen, überfällt sie: Zittern
und Entsetzen packten sie an, und sie stürzen schockiert aus
dem Grab – und fliehen. Ich kann das verstehen: Wo Steine
sich bewegen, die so schwer sind, daß Menschen allein sie

nicht wegschaffen können, wo Gräber leergeräumt werden
und selbst Tote nicht mehr an der Stelle liegen, wo sie einmal
bestattet worden sind, da geschieht in aller Regel etwas
Schreckliches. Davor kann man besser nur fliehen.

Hier in Fürstenwalde war das auch so. Nicht nur einmal.
Nein, mehrfach wurden die Steine des Doms und der Stadt
gewaltsam bewegt, ja umhergeschleudert, immer wieder
wurde der Dom zerstört. Und oft wurden dabei auch Gräber
zerschlagen und Grabsteine weggeräumt.

Der Dom zu Fürstenwalde wurde vor ungefähr siebenhun-
dert Jahren auf einem Friedhof errichtet. Unter seinen Funda-
menten hat man später die Gräber gefunden – und Knochen
und Schädel. 1432 wurde diese Kirche durch die Hussiten, die
Anhänger des verbrannten Frühreformators Johannes Hus aus
Böhmen, niedergerissen. Zweihundert Jahre später – im
Dreißigjährigen Krieg – steckten die durchziehenden Truppen
des Feldherrn Wallenstein den Fürstenwalder Dom in Brand.
Noch einmal hundert Jahre später – im Jahr 1731 – stürzte
sein Turm ein. Und in unserem Jahrhundert wurde unser Dom
völlig sinnlos in den allerletzten Tagen des Zweiten Welt-
kriegs bis auf seine Grundmauern zerstört. Noch bis vor zehn
Jahren war er eine Ruine. Und die Gräber der Toten, die die
Vorfahren hier zur letzten Ruhe begraben hatten, waren wüst
und leer.

„Da stürzten sie aus dem Grab und flohen, weil Zittern und
Entsetzen sie gepackt hatte." Was in der Ostergeschichte von
den drei Frauen erzählt wird, könnten auch wir berichten von
den Fürstenwaldern, die je zu ihrer Zeit die gewaltsame Bewegung der Steine des Doms, seiner Grabsteine und deren Zerstörungen miterleben mußten. Von daher verstehen wir die
drei Frauen, die zum Grab des „gekreuzigten Nazareners
Jesus" kommen, den Stein weggewälzt und sein Grab leer finden und sich entsetzen und fliehen.

Heute ist der Dom wieder „aus Ruinen auferstanden" – ein Zeichen für den Lebens- und Auferstehungswillen der Menschen hier, immer wieder. Die gewaltsam verrückten und beiseite geräumten Grabsteine sind wohlgeordnet und aufgestellt, sofern sie noch erhalten sind. Sie stehen dort und dort an der Seite als Kunstschätze und Erinnerungssteine an die Toten, deren Ruhe so oft und fürchterlich gestört wurde. Einer dieser Grabsteine fällt mir besonders auf.

Er steht dort links, und er zeigt den Bischof Dietrich von Bülow, der vor fünfhundert Jahren lebte – in der Zeit, als Martin Luther ein junger Mann war. Dietrich von Bülow war ein hervorragender Bischof. Er brachte das Bistum im Osten Brandenburgs zu großem Reichtum. Als hochgelehrter Humanist wurde er vom brandenburgischen Kurfürsten nicht weit von hier zum Kanzler der Universität Frankfurt an der Oder berufen. Er hat dem Dom zu Fürstenwalde das Sakramentenhäuschen gestiftet, das wie durch ein Wunder durch die Zeiten erhalten werden konnte – trotz all der Zerstörungen. Dort auf dem Stein, der einmal das Grab des Dietrichs von Bülow bedeckte und immer wieder aus den Ruinen des Doms geborgen werden mußte, wird der Bischof dargestellt, wie er in vollem Ornat vor dem nackten, gekreuzigten Jesus kniet und ihn anbetet. Ruhe und Anmut gehen von dem Bild aus. Die Angst vor dem Tod, die auch Dietrich von Bülow erfahren hat, sind von ihm gewichen. Er schaut hinauf zum Gekreuzigten, weil er weiß: Dort – bei ihm allein – ist der einzige Trost im Leben und im Sterben zu finden.

Allerdings ist es in dieser frühesten biblischen Ostergeschichte überaus wichtig, daß bezeugt wird: Das Grab, in das der Gekreuzigte gelegt worden ist, war leer. Nicht durch Krieg und Zerstörung, sondern: „Er wurde auferweckt von Gott. Er ist nicht hier." So lautet die Auskunft. Der tote Jesus von Nazareth konnte nicht gefunden werden. Das Grab war leer.

Ob das tatsächlich so war, ist heute wieder einmal umstritten. Ein Göttinger Theologieprofessor etwa, mit Namen Gerd Lüdemann, behauptet ebenso marktschreierisch wie mit dem Anspruch auf Wissenschaftlichkeit, was seit Ostern immer wieder gesagt wurde und wird: Das Grab Jesu zu Jerusalem war „voll"– der Gekreuzigte ist wie alle anderen Toten verwest, vermodert. Und die Kirche lügt, wenn sie das Gegenteil behauptet, meint Lüdemann.

Ich sage dagegen: Das ist eine schlimme und besserwisserische Unterstellung. Und davon, liebe Gemeinde, dürfen Sie sich nicht beirren lassen. Es ist nicht wahr: Vielmehr können Sie sich darauf verlassen.

Der Bericht über das leere Grab gehört zur ältesten und bestens bezeugten Überlieferung des Osterglaubens der Christen. Das Zeugnis der Kirche von der Auferweckung des Gekreuzigten war stets und mit vollem Recht begleitet von der Bezeugung des leeren Grabes. Denn der Osterglaube ist davon überzeugt: Der Leib des Gekreuzigten ist verwandelt. Dies Verwesliche hat angezogen das Unverwesliche, und dies Sterbliche hat angezogen das Unsterbliche.[2] Gott erschafft den zerschlagenen Leib des Gekreuzigten zu einer neuen, anderen Weise des Lebens: zur Weise des Auferstandenen, zur Weise des ewigen Lebens. Die Überlieferung vom leeren Grab bewahrt den Glauben vor dem Mißverständnis, die Auferstehung des Gekreuzigten habe nur im Jenseits oder nur in den Köpfen, Gedächtnissen und Herzen der Jünger stattgefunden. Nein, die, die dem Auferstandenen glauben, bilden sich nicht etwas ein. Sie haben den lebendigen Jesus Christus zum Gegenüber. Das kann jeder erfahren, so er sich auf den Auferstandenen verläßt. Und niemand kann mit zureichenden Beweisen diesen Osterglauben bis heute widerlegen.

---

2   Vergleiche 1. Korinther 15, 53.

Aber Vorsicht! Die Entdeckung eines leeren Grabes beweist noch nichts und führt noch nicht zum Osterglauben. An der Geschichte des Doms zu Fürstenwalde können wir sehen, daß Gräber auch auf eine furchtbar gewaltsame Weise ausgeräumt und geleert werden können. Und die Reaktion der Frauen auf die Entdeckung des leeren Grabes war nicht Freude und Jubel über einen durchschlagenden Beweis der Auferstehung Jesu, sondern Furcht und Zittern. Etwas anderes muß geschehen, damit die Frauen das wichtige Zeichen des leeren Grabes verstehen, von ihrer Furcht und ihrem Zittern lassen und wieder zur Freude, zu einer Lebenszuversicht kommen, der selbst vor dem Tod nicht graut. Was muß geschehen?

Der Jüngling in der Grabkammer zu Jerusalem, das ist der Engel des Herrn, also Gottes Bote und Gottes Mund selber, der sagt, was geschehen muß: „So geht nun los und sagt seinen Jüngern und Petrus, ja, auch dem Verräter und Verleugner Petrus sagt es, daß er, der Auferstandene selber euch nach Galiläa vorangehen wird." Galiläa – das ist der Ort der Herkunft und des alltäglichen Lebens der Jünger. „Dort werdet ihr ihn sehen, ihn, den Auferstandenen, wie er euch versprochen hat."

Das heißt: Der gekreuzigte Jesus wird als der von Gott Auferweckte die Jünger einholen. Die in Todesangst davongelaufenen Jünger sind IHM nicht entlaufen. ER wird sie selber heimholen. ER wird ihnen begegnen im Alltag ihres Lebens. Dort wird ER sie umkehren und senden. Und ER wird auch die Frauen einholen. ER selbst wird tun, was das leere Grab nicht vermochte, der Auferstandene selber wird ihnen erscheinen und ihre Furcht in Freude, ihr Entsetzen in Lebensmut verwandeln. ER wird ihnen Kraft geben, aus Ruinen aufzustehen, die zerstörten Steine zu nehmen und das Alte und Zerstörte erneut aufzubauen. Wie das geschieht, ist hier in Fürstenwalde auf dem Grabstein des Dietrich von Bülow zu sehen:

Unten am Fuß des Kreuzes liegt ein Totenschädel. Der Schädel – das ist immer die letzte Ruine eines Menschen. In der christlichen Kunstgeschichte ist ein solcher Schädel oft am Fuß des Kreuzes dargestellt worden. Damit sollte gesagt werden: Das Blut aus den Wunden des Gekreuzigten fließt nieder zur Erde und berührt den Schädel eines Menschen, der dort begraben liegt. Und in dieser Berührung wird der Tote hineingenommen in die erlösende Kraft und das Leben des auferstandenen Christus. Der Gekreuzigte ist für uns gestorben, sagt der Glaube. „Christi Blut – für Euch vergossen", sagt das Evangelium. Dadurch sind wir erlöst und befreit von der alles vernichtenden Macht des Todes. Die Auferstehung von den Toten – das ist auch unsere Zukunft.

Liebe Gemeinde, in dieser Gewißheit haben auch die Christen zu Fürstenwalde ihren Dom wieder und wieder aufgebaut, ihn so aus Ruinen auferstehen lassen. Sie haben damit ein Zeichen gesetzt – bis heute – für ihren alltäglichen Widerstand gegen die Macht des Todes. Ein weithin sichtbares Zeichen ist unser Dom für die Glaubenserfahrung, daß der Gekreuzigte lebt – auch hier im Osten Brandenburgs, wo der letzte Krieg bis in seine letzten Tage hinein getobt hat und wo heute viele Menschen arbeitslos und ohne eine gute berufliche Lebensperspektive sind. Der in den Himmel ragende Dom soll ein Zeichen dafür sein, daß der Gekreuzigte in der Kraft seiner Auferstehung auch hier den Menschen in ihrem Alltag begegnet und ihnen neuen Lebensmut schenkt, selbst wenn das Blut der Toten der Kriege noch immer aus der brandenburgischen Erde zum Himmel schreit und Ruinen noch immer gegen alle Auferstehung zu sprechen scheinen. Wir geben nicht auf. Wir wollen es noch erleben, daß unsere Region wirklich zu einer blühenden und sozial gerechten Landschaft

Trost beim Gekreuzigten – Dietrich von Bülow

im geeinten Deutschland wird. So verstehen wir die Botschaft des Engels im leeren Grab auch als eine Ermutigung zur Tapferkeit im Alltäglichen, als eine Erhebung, die auch uns schon heute und Sie alle, die Sie den Gottesdienst jetzt mit uns feiern, erfassen soll: „So geht nun los und sagt seinen Jüngern und Petrus, daß Er euch nach Galiläa vorangeht." Galiläa, das ist auch Fürstenwalde, das ist auch der Ort Ihres Lebensalltags. „So geht nun los ... dort werdet ihr ihn sehen, wie ER euch versprochen hat." Amen.

Schäume
oder Wirklichkeit

sehr polemisch
polarisierend
im Duktus

Rolf Wischnath zu Gerd Lüdemanns Thesen,
Die Kirche 13. April 1997

Der Unterhaltungswert christlicher Feiertage sinkt. Manchen
Medien – besonders im Osten Deutschlands – fällt zu Ostern
nichts anderes mehr ein als – Lüdemann. Seit Jahren nervt
dieser evangelische Theologieprofessor aus Göttingen die
Gebildeten und Ungebildeten, die Verächter und Freunde der
christlichen Religion mit derselben Leier: 1. Jesus ist verwest.
2. Mit der Lehre von der Auferstehung lügt und betrügt die
Kirche – seit zweitausend Jahren.

In diesem Jahr hat Lüdemann einen dritten Satz hinzuge-
fügt, in dem er seinen Osterglauben auf den Punkt bringt:
„Auferstehung heißt, ich sagen zu lernen." Das weiß er – aus
seinen Träumen, die er uns zu Ostern '97 erzählt hat.

„Den nimmt doch keiner ernst", sagt mein Freund aus Göttingen. „Der Fakultät ist er doch nur noch peinlich." Wirklich?
Ich merke das nicht. In den Gemeinden Ostbrandenburgs wird
man als Prediger zu Ostern immer wieder auf diesen Professor angesprochen – ärgerlich und verunsichert. Denn auch
rasch gewendete SED-Gazetten bringen Lüdemann mit
Wonne. Es geht ja gegen die Kirche. Und keiner beleidigt die
Christen so subtil und nachhaltig wie er. Keiner bekommt
darum so viel Raum in diesen Medien, wenn's um Ostern
geht.

Aber auch die kirchliche Presse geht mit Lüdemann zuweilen um wie mit einem geistigen Ehrenmann. In der Osteraus-

gabe des Hamburger Sonntagsblatts, der Wochenzeitung der
Evangelischen Kirche in Deutschland, ist Lüdemann der erste,
der nach der „Bedeutung der Auferstehung" gefragt wird und
dann mit zwei Träumen, „die ich mehrfach geträumt habe",
seine „Annäherung an Ostern" beschreibt: „Mit letzter Kraft
stieß ich Gott selbst in den Pfuhl hinab und wurde endlich
frei." – Ein toller Träumer!

Wie zynisch, wie unbescheiden, wie geistig gewalttätig,
wie denkfaul und antijüdisch darf ein deutscher Theologieprofessor heute wieder sein, bis die Kirche seine Lehrqualifi-
kation in Frage stellt, bis der Staat nach dem wissenschaftlichen und berufsgemäßen Ethos eines Hochschullehrers fragt?

Mehr als Lüdemanns Träume erschrecken mich allerdings
die Hilflosigkeiten, mit denen nicht wenige Neutestamentler
der theologischen Fakultäten zu ihrem Kollegen entweder
schweigen oder stammeln. Sollte es wirklich so sein, daß
Lüdemann nur herausläßt, was andere mit verquasten Andeu-
tungen umnebeln?

Man mache die Probe und frage sich, was ein Konfirmand
am Karsamstag nach dem erneuten Auftritt Lüdemanns in den
dritten Fernsehprogrammen fragen muß und worauf auch leider Klaus Berger, der Heidelberger Neutestamentler und Mit-
diskutant, nur undeutliche Antworten gegeben hat: „Ist Jesus
im Grab geblieben? Und ist sein Leichnam verwest? Lügt die
Kirche? Wem soll ich glauben?"

Es sind nicht viele – und das ist das eigentliche Ärgernis,
das Lüdemann in der Kirche provoziert hat –, die dem Konfirmanden die knappe, aber biblisch und exegetisch notwendige
und begründete Antwort geben: Weder ist Jesus im Grab
geblieben, noch ist er verwest. Der Gekreuzigte ist „auferweckt worden" – von Gott. Das heißt präzis: Der tote Jesus
lebt, wie Gott lebt. Der Leib des Gekreuzigten ist durch die
Schöpferkraft Gottes verwandelt worden zu einer neuen Weise

des Lebens: des ewigen Lebens. In Anlehnung an Paulus ausgedrückt: Dies Verwesliche hat angezogen das Unverwesliche, dies Sterbliche hat angezogen das Unsterbliche (1. Korinther 15, 53f).

Und das leere Grab gehört von Anfang an zur Osterüberlie-
ferung dazu. Es ist auch historisch zuverlässig begründet. Es
beweist allerdings nicht die Auferstehung. Der Auferstandene
beweist sich einzig und allein selber. Und er ist als der für uns
Gestorbene an den Nägelmalen, an den Zeichen des Kreuzes
zu erkennen. Aber das leere Grab bezeugt die Tat Gottes. Und
es bewahrt den Osterglauben vor dem Mißverständnis, die
Auferstehung Jesu habe nur in den Köpfen und Erinnerungs-
zentren der Jünger stattgefunden. So ist es ein notwendiges
und hilfreiches Zeichen für die wahre Wirklichkeit des Ostergeschehens, die es mit Tod und blutigem Sterben, mit Leichen
und Unrecht, mit Armut und Niederlagen aufnimmt und die
sich nicht verflüchtigen läßt in die egomanen Träume einer
bürgerlichen Professorenexistenz.

Das alles ist zwar immer wieder ernsthaft und albern bestritten worden, vor allem von denen, die durchaus kein Interesse daran haben, daß die österliche Revolution materielle
Konsequenzen hat. Aber niemand hat diese Osterwahrheit in
ihren unabdingbaren Zusammenhängen – trotz aller revolutionären Niederlagen in der Welt – widerlegen und ihr den
widerständigen Stachel ziehen können. Sie ist vielmehr ganz
und gar verläßlich und glaubhaft und aufrührerisch – wie
nichts sonst in der Welt –, weil Gott dem Gekreuzigten Recht
gegeben hat, weil der Aufrührer vom Hügel Golgatha auferstanden ist und der Auferstandene in seiner wirklichen Wahrheit lebt und verläßlich ist und sich selbst glaubhaft gemacht
hat – und macht.

Das erfahren alle mit letzter Gewißheit, würde ich dem
Konfirmanden noch sagen, die sich in die alltägliche Nach-

folge des widerständigen Kreuzträgers ziehen lassen. Auch in Enttäuschungen, in Niederlagen und selbst im Tod bleiben sie an der Seite des Siegers von Ostern. Dem sollst Du glauben.

Um der Freiheit
unseres Glaubens willen

Leserdiskussion, Die Kirche 27. April 1997,
4. Mai 1997 und 11. Mai 1997

*Die Veröffentlichung des Artikels „Schäume oder Wirklichkeit.
Zu Lüdemanns Thesen" von Rolf Wischnath in der Zeitung
„Die Kirche" (Berlin-Brandenburgisches Sonntagsblatt) am
13. April 1997 löste eine rege und kontroverse Leserdiskussion zum Thema aus, von der auch die Redaktion überrascht
war. Exemplarisch für die verschiedenen Meinungen dieser
Diskussion veröffentlichen wir fünf Zuschriften.*

Klaus Grammel, Berlin-Marienfelde, 27. April 1997
„Seit Jahren nervt" Lüdemann „... mit derselben Leier",
schreibt der Autor. Mich nervt er nicht. Mich regt er an, auch
wenn er mich aufregt, und mich ermutigt er, ehrlicher und
deutlicher zu werden. Daß Jesus verwest sei, ist ein Satz, den
man zumindest als historische Annahme aushalten können
muß, wenn man Theologe ist und gelernt hat, Wunder und
Mirakel nicht zu verwechseln. Noch besser ist es meines
Erachtens, man stimmt dem Satz zu. Mich hat er im Studium
befreit, und ich lebe mit ihm bis heute sehr gern als Theologe
und Pfarrer, und das heißt auch als Seelsorger.

Warum ärgert sich Rolf Wischnath, wenn ihn Gemein-
deglieder „verunsichert" oder auch „ärgerlich" ansprechen?
Kommen wir denn in unserem Glauben persönlich und als
Kirche voran, wenn wir uns nur bestätigen in dem, was wir
meinen, glauben zu müssen? Wir lernen doch allemal nur aus
Widerspruch, in Konflikten und auch durch Provokation, wie

uns zum Beispiel Jesus und Paulus zeigen. Warum muß Wischnath in seinem Ärger so weit gehen, Lüdemann lächerlich zu machen? Warum hat er keinen Respekt davor, daß jemand an einem sehr persönlichen, intimen Erlebnis, wie es ein Traum ist, deutlich zu machen versucht, was er meint, auch wenn er selber etwas anderes meint? Warum muß er verzeichnen? Daß die Kirche mit der Lehre von der Auferstehung „lüge und betrüge", wo steht das so bei Lüdemann? Warum will Wischnath Lüdemann durch böse Etikette („zynisch, unbescheiden, geistig gewalttätig, denkfaul, antijüdisch"), die er ihm pauschal anhängt, unmöglich machen?

Man lese die inhaltlich und methodisch klare, viel Material verarbeitende Studie „Die Auferstehung Jesu", ein gründliches Fachbuch eines typischen Professors, völlig unsensationell geschrieben und aufgemacht, und man merkt, wie unbeherrscht Wischnath auf Lüdemann einschlägt. Und schlägt er ihn schon nicht theologisch und kirchlich tot, dann solle es wenigstens „die Kirche" tun. Und am besten auch noch „der Staat", damit Lüdemann auch gesellschaftlich erledigt ist. Die wissenschaftliche Hinrichtung durch die Göttinger Fakultät („ihn nähme doch keiner ernst", er sei dort „nur noch peinlich") scheint zu Wischnaths Bedauern ja (noch?) nicht so richtig zu klappen.

Wenn jemand meint, für Glauben, Theologie und Kirche gegen Lüdemann kämpfen zu müssen, dann soll er das von seiner Position aus natürlich tun. Und in einem solchen Kampf muß jeder sehen, wie er mit seiner Argumentation besteht oder nicht oder ob er sich gar blamiert. Das ist nicht der Punkt, um den es geht. Der Punkt ist, daß ein Christ und hoher Repräsentant unserer Kirche einen anderen Menschen fertigmachen will. Das darf nicht wahr sein! Warum tut er das?

Rudi-Karl Pahnke, Borgsdorf, 27. April 1997

1. Was Lüdemann geschrieben hat, weiß man ja in der Substanz seit Bultmanns Entmythologisierungsaufsatz von 1941. Historisch kann man an dieser oder jener Stelle anderer Auffassung sein als Bultmann, Marxsen, Herbert Braun und viele andere – aber an der historisch-kritischen Sicht führt im Ernst kein Weg vorbei, wenn wir Menschen nicht in die Irre gehen wollen.

2. Daß viele Aussagen der Bibel symbolisch-bildhaft verstanden werden müssen, sagen heute viele ernstzunehmende Theologen und Nichttheologen. Manche Aussagen im Zusammenhang des Osterglaubens können nur so verstanden werden, und der richtige Streit beginnt erst bei der Deutung der symbolhaften Aussagen.

3. Der Osterglaube hat seine Wahrheit in dem Inhalt der Botschaft Jesu von der Nähe der Gottesherrschaft und der Hinwendung zu den armen, elenden, entrechteten Menschen, denen Gottes Nähe zugesagt und zugelebt wird. Diese Botschaft ist am Kreuz nicht vernichtet worden, sondern es ist die innere, mitunter visionäre Glaubenserfahrung der Gemeinde, daß Jesus auch nach seinem elenden Tod auf die Seite Gottes gehört und von der Wirklichkeit Gottes umfangen ist. Diese Einsicht kann die bildhafte Erzählung vom leeren Grab als Symbol aufnehmen – aber auf dieses Symbol auch verzichten. In keinem Fall kann der Glaube oder können kirchenleitende Personen per Order die kritische Sicht der historischen Wissenschaft kritisieren.

4. Mit Lüdemann muß man nicht streiten wegen seiner geläufigen historisch-kritischen Sicht, sondern wegen seiner Konsequenzen: Auferstehung heißt, „ich sagen zu lernen". Ich will mich auch über diese Aussage nicht leichtfertig hinwegsetzen, weil ich – wie viele seelsorgerlich beratend tätige Menschen – oft genug erfahre, daß Menschen fremdbestimmt

leben und ihr eigenes Leben nicht angenommen haben. Aber meines Erachtens geht die Auferstehungsbotschaft einen wesentlichen Schritt weiter: daß ich Du zu sagen lerne – zu dem anderen Menschen und im Zusammenhang des Lebensganzen und der Glaubensgeschichte auch zu dem, den die Bibel Gott nennt. Hier folge ich Lüdemann nicht. Aber das heißt nicht im mindesten, daß ich den Aussagen Wischnaths folge – sie bleiben falsch und fatal.

Klaus-Detlev Metzner, Lauta, 27. April 1997
„Dem sollst Du glauben." Nein! Ich verweigere Generalsuperintendent Rolf Wischnath den Gehorsam um der Wahrheit und der Freiheit unseres Glaubens willen.

Ich glaube nicht an den Sieger von Ostern, sondern an den Verlierer am Kreuz, der verwest ist, wie auch ich verwesen werde, und der doch immer wieder in mir auf(er)steht als ermutigendes Wort, das mich im Leben und Sterben begleiten will.

Warum protestiere ich? Der Autor kommt mit Lüdemann nicht zurecht. Das ist sein gutes Recht. Aber er versucht gar nicht erst, ihn zu verstehen. Er karikiert seine Position. Die Methode ist uns aus früheren Zeiten sehr vertraut: Was uns nicht paßt, wird entstellt, damit anderen der Zugang dazu verstellt bleibt. Mir ist der Entwurf, den auch Lüdemann vertritt, schon aus meiner Studienzeit vor vierzig Jahren bekannt. Ich fühle mich durch diese Theologie nicht beleidigt, denn sie will die Osterwahrheit zu einer Lebenswahrheit machen. Unverständlich dagegen bleiben mir die Gedanken von Rolf Wischnath: „Der tote Jesus lebt, wie Gott lebt." „Der Auferstandene lebt in seiner wirklichen Wahrheit." Mir sagt das nichts. Unsere Konfirmanden verstehen es nicht, und unserer Gemeinde hilft es nicht. Geradezu erschreckend aber finde ich die Unterstellung, Lüdemann sei zynisch, denkfaul und so weiter.

worüber bibl. Text schweigt und was erzählt wird

Träumt der Autor von einer Erneuerung der Inquisition? Ich erwarte gefaßt alle disziplinarischen Maßnahmen. Noch bin ich Mitglied des theologischen Prüfungsamtes unserer Kirche. Vermutlich nicht mehr lange.

Dagmar Schmidt, Helmstedt, 4. Mai 1997
Es ist erfreulich, wenn einer mit knappen, klaren Worten darstellt, was er seinen Konfirmanden über Ostern sagt. Trotzdem lese ich das Gesagte mit einer gewissen Beklemmung. Denn mir ist, als solle ich auf eine bestimmte Vorstellung vom Ostergeschehen festgelegt werden.

Über Lüdemann kann ich nicht urteilen. Ich kenne ihn kaum. Die angeführten zusammenhanglosen Zitate geben kein klares Bild. Ich weiß über ihn nur, daß er das leere Grab bestreitet. Mich wundert die Aufregung darüber. Denn das ist ja nichts Neues. Viele Nichtchristen und auch viele gläubige Christen haben das getan. Wir sollten eigentlich wissen, daß unser Glaube an den Auferstanden ganz unabhängig ist von der Frage nach seinem Grab. Wäre es anders, hätte Paulus in seinem großen Auferstehungskapitel 1. Korinther 15 darauf hingewiesen. Doch Paulus spricht nur von den Zeugen, die den auferweckten Jesus gesehen haben und die man damals zum Teil noch befragen konnte; was aus dem Leichnam Jesu geworden ist, darüber fällt kein Wort. Das ist für unseren Glauben offenbar unerheblich.

Daraus folgt für mich: Wer aus seinem naturwissenschaftlichen oder stoischen Denken heraus Schwierigkeiten mit dem leeren Grab hat, braucht deshalb kein schlechtes Gewissen zu haben. „Ich kann an die Wahrheit von Ostern glauben, ohne die Ostergeschichten allesamt wörtlich für wahr halten zu müssen" (Hans Küng).

Wenn man mich fragt, so sage ich: Jesus ist nicht im Grab geblieben. Gott hat dem Gekreuzigten neues Leben geschenkt.

Ob er die Überreste des Körpers Jesu verwendet hat oder nicht, können wir nicht mit Sicherheit sagen; angewiesen ist Gott auf die Materie nicht.

Heinz-Joachim Lohmann, Niedergörsdorf, 11. Mai 1997
In unserer Zeit treibt der geringste Inquisitionsopferverdacht Buchauflagen in dramatische Höhen. Die evangelische Kirche hat in Gerd Lüdemann ihren seit langem ersten öffentlichen Ketzer gefunden. Schon wollen Anhänger freiwillig Märtyrer werden. „Noch bin ich Mitglied des theologischen Prüfungsamtes unserer Kirche", ruft uns Klaus-Detlev Metzner fröhlich entgegen. Beherzt greift er nach der Möglichkeit, der eigenen marginalen Existenz kurz vor der Pensionsgrenze zu entfliehen: „Ich erwarte gefaßt alle disziplinarischen Maßnahmen." Sind wir der Lächerlichkeit so nahe gerückt?

Auf der einen Seite freut es mich, daß einmal eine Debatte unabhängig von kirchlichen Haushaltsplänen und Strukturen entsteht. Auf der anderen ist es höchst merkwürdig, wenn jede Polemik gleich als „falsch und fatal" denunziert wird. Wer so meint, dem Zeitgeist die Fackel vorantragen zu müssen, sollte aufpassen, daß er ihm nicht die Schleppe hinterherträgt.

Immerhin verteidigt Rolf Wischnath ein urprotestantisches Anliegen. „Gibt es keine Auferstehung der Toten, so ist auch Christus nicht auferstanden. Ist aber Christus nicht auferstanden, so ist unsre Predigt vergeblich, so ist auch euer Glaube vergeblich." So spricht der erste der Theologen der christlichen Kirche zu seiner Gemeinde in Korinth. Stoßrichtung und Gegner wechseln, das Ziel bleibt die Auferstehung. Unsere Manichäer sind Empiriker, die die Wurzeln der christlichen Hoffnung verkaufen um das Linsengericht der scheinbaren Wissenschaftlichkeit willen und aus Angst, aus der Moderne hinausgetrieben zu werden.

Schon die Fragmente des Wolfenbüttelschen Ungenannten

hatten den wesentlichen Kern: Christus ist nicht auferstanden. Lüdemann wiederholt nichts anderes als die These des Reimarus und frischt sie auf mit ein paar herzerfrischenden Details. Dabei war diese Linie schon mit Schweitzers „Geschichte der Leben-Jesu-Forschung" an ihre letzte Grenze gekommen. Es bleibt historisch-kritischer Forschung versagt, festzustellen, „wie es denn eigentlich gewesen ist".

Paulus verteidigte einst die Auferstehung, weil in ihr die Verheißung der Gnade Gottes liegt. Das Kreuz signalisiert die Bereitschaft zu Niedrigkeit und Leiden. Folgt auf Karfreitag nicht Ostersonntag, ist Gott nicht stärker als die Mächte der Sünde und des Todes. Dann bleibt nur noch Resignation. Jesus Christus wird erst durch Kreuz und Auferstehung zum Zeichen der Hoffnung für unsere Welt.

Sind wir tatsächlich bereit, den Geist und die Kraft unseres Glaubens dem goldenen Kalb der instrumentellen Vernunft zu opfern?

Die rege Leserdiskussion zeigte der Redaktion, daß sie mit dem Thema der Auferstehung ein unerwartet heißes und in den Gemeinden kontrovers diskutiertes Eisen angefaßt hatte. Veranlaßt durch die zahlreichen Zuschriften, lud sie Professor Gerd Lüdemann und Generalsuperintendent Rolf Wischnath zu einem Streitgespräch ein. Dieses fand am Vorabend des Reformationstages, am 30. Oktober 1997, im Dom zu Fürstenwalde statt.

Ist der Gekreuzigte verwest? Oder war das Grab leer?

Streitgespräch Gerd Lüdemann / Rolf Wischnath
im Dom zu Fürstenwalde am Vorabend zum Reformationstag
30. Oktober 1997

Die Begrüßung sprach Superintendent Eckhard Fichtmüller:
Sehr verehrte Damen und Herren, liebe Schwestern und Brüder, wir sind zusammengekommen am Vorabend des Reformationsfestes im Fürstenwalder Dom. Ich freue mich, daß Sie der Einladung zu diesem besonderen Abend gefolgt sind, daß Sie aus der Nähe und aus der Ferne nach Fürstenwalde in unseren Dom gekommen sind. Sie sind uns alle herzlich willkommen. Wir sehen es als eine Ehre an, daß unser Dom der Ort für dieses besondere Streitgespräch sein kann. Und so begrüße ich Sie herzlich, Herr Professor Lüdemann, in dieser alten und zugleich auch neuen Kirche mitten in unserer Stadt. Wir sind dankbar dafür, daß Sie sich an diesen Ort haben einladen lassen, an einen Ort, der so viel Geschichte erzählt und auf der anderen Seite auch so deutlich vom Willen der Gemeinde zur Zukunft zeugt. Wir haben diese Kirche, die – wie das ganze Stadtzentrum – völlig zerstört war, vor zwei Jahren am Reformationsfest wieder eingeweiht. Sie ist gewissermaßen „auferstanden aus Ruinen".

Ich grüße herzlich den Generalsuperintendenten des Sprengels Cottbus, Dr. Rolf Wischnath, gewissermaßen als Herausforderer oder Initiator dieses Streitgespräches. Ich weiß, daß

Sie, Bruder Wischnath, sich in diesem Dom in Fürstenwalde, auch wenn die Generalsuperintendentur in Cottbus ist, zu Hause fühlen, und dabei soll es auch bleiben. Ich weiß aber auch, daß Sie für dieses Streitgespräch einen Heimvorteil nicht nötig haben.

Der Ort dieses Streitgespräches ist für uns alle in dieser Stadt ein wichtiger Ort, weil er uns so viel von der Geschichte der Kirche, des Glaubens und von der Geschichte unseres Volkes deutlich vor Augen stellt. Das ist auch ein wichtiger Hintergrund für dieses Streitgespräch über die Auferstehung – an einem Ort, der vom Glauben und von der Geschichte der Gemeinde geprägt ist. Sonntag für Sonntag spricht die Gemeinde an diesem Ort das Glaubensbekenntnis, zu dem das Bekenntnis zur Auferstehung immer dazugehört. Mehrfach sehen wir in dieser Kirche das Bild des Gekreuzigten. Und in der Osternacht singen Schwestern und Brüder an diesem Ort: „Christ ist erstanden von der Marter alle; des solln wir alle froh sein, Christ will unser Trost sein. Kyrieleis."

Noch ein Wunsch zu Beginn des Gespräches: Mögen in ihm ruhig die Funken sprühen, möge es begleitet sein vom Geist Gottes, und möge es uns helfen, in unserer Zeit, in diesem Land gewisser und glaubwürdiger den Glauben leben zu können.

Zum Schluß begrüße ich herzlich in unserer Mitte Herrn Chefredakteur Gerhard Thomas von der evangelischen Wochenzeitung „Die Kirche", der nun die wichtige Aufgabe haben wird, das Gespräch zu moderieren und die Fäden in die Hand zu nehmen. Uns allen wünsche ich einen guten Abend.

Gerhard Thomas:
Ich möchte Sie nun im Namen unserer Redaktion vom evangelischen Sonntagsblatt „Die Kirche" auch noch einmal begrüßen. Dieser Abend ist eine Station auf dem Weg, den wir

zusammen mit unseren Autorinnen und Autoren und mit unserer Leserschaft gehen. Mit unseren publizistischen Mitteln wollen wir ein offenes Forum sein für die meinungsvielfältig und kontrovers diskutierten wichtigen Themen in unserer Kirche, in den Gemeinden, in den Gruppen und in der Gesellschaft. Sie erinnern sich: Im April löste ein pointierter, streckenweise polemischer Beitrag von Rolf Wischnath gegen die Position von Gerd Lüdemann eine breite, engagierte und kontroverse Leserdebatte aus. Ich danke Gerd Lüdemann, Professor für Neues Testament in Göttingen, daß er unserer Einladung gleich und gerne gefolgt ist. Für uns stand hinter der Einladung, daß wir nicht nur in unserem Blatt über Lüdemann reden wollen, sondern möglichst – und nun sogar life – gerne auch mit ihm.

Ich danke auch Rolf Wischnath, Generalsuperintendent in Cottbus, für seine Bereitschaft, dies Gespräch zu führen. Und nicht zuletzt danke ich der Domgemeinde, daß sie bereit war, Gastgeberin dieses Abends zu sein. Wir haben diesen Ort mit Bedacht gewählt. Nicht alles Wichtige in unserer Kirche muß in Berlin stattfinden – das ist durchaus ein Gesichtspunkt, die Bedeutung Brandenburgs für unsere Kirche herauszustellen. Und dann dieser Dom, dieses Haus: Hier wurde das Mittelalter nicht eliminiert. Man kann in diesem Dom eine architektonische Symbiose aus Mittelalter und Moderne, ja ein Symbol sehen. Ist es übertragbar auf das Bekenntnis der Kirche? Vielleicht wird dies auch eine Fragestellung des heutigen Abends.

Auch der Termin dieser Veranstaltung hat seinen Symbolgehalt: der Vorabend des Reformationstages. Die Reformation hat eine Bewegung weg vom unmündigen, vom kirchlich und weltlich bevormundeten Christenmenschen hin zum mündigen

Theologie nur nach historischen Tatsachen – Gerd Lüdemann

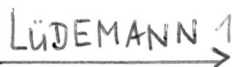

Christen ausgelöst. Eine gewaltige Emanzipationsbewegung war das. Und will die protestantische Kirche, will unsere Kirche diese Freiheit wirklich leben, so bleibt ihr nichts anderes, als sich dem bequemen Weg eines hierarchischen Autoritätsgefüges, auch einer hierarchischen Lehrautorität, zu verweigern und den konziliaren, den demokratischen Weg der Wahrheitssuche im gleichberechtigten Meinungsstreit zu gehen. Ich denke, genau das versuchen wir heute abend.

Auf dem Prüfstand steht nicht irgend etwas, sondern der wichtige Satz aus unserem Glaubensbekenntnis, aus dem apostolischen Glaubensbekenntnis: „Am dritten Tage auferstanden von den Toten."

Noch zwei technische Hinweise: Sie haben alle Gelegenheit, Fragen an die beiden Herren hier vorne schriftlich zu stellen. Wir haben dazu Papier und Bleistifte verteilt. Es gibt zwei Anwältinnen des Publikums, die die Fragen einsammeln und sortieren und im zweiten Teil des Abends einbringen werden.

Die Disputanten werden zunächst ihre Positionen darstellen. Sie haben dafür jeweils etwa fünfzehn Minuten. Ich habe gemessen, daß das Statement von Herrn Wischnath etwas länger geraten ist als das des Professors. Dafür darf Herr Lüdemann im Anschluß etwas länger als fünf Minuten auf das Statement von Herrn Wischnath eingehen und antworten. Danach haben wir eine eiserne Spielregel: In der Debatte redet niemand länger als fünf Minuten, und ich werde persönlich versuchen, daß wir diese Spielregel einhalten können. Jetzt aber hat zunächst Herr Lüdemann das Wort.

Eingangsstatement Gerd Lüdemann:
Meine Damen und Herren! Ich bin gern nach Fürstenwalde gekommen, auch deswegen, weil ich zum ersten Mal in einem der neuen Bundesländer zu Gast bin. Ich habe noch nie hier über die Auferstehung oder über andere Dinge gesprochen.

Ich beginne mit dem Zitat eines bekannten Theologen, Gerhard Ebeling. Er bemerkte im Jahre 1967 zur Frage der Auferstehung Jesu: „Was als befreiendes und ermächtigendes Geschehen am Anfang der Kirchengeschichte steht, ist heute vornehmlich Anlaß zur Verlegenheit und wird als schwer zu erschwingendes Glaubensgesetz empfunden ... Die Verworrenheit der Diskussionslage und die Gereiztheit der Diskussionsatmosphäre sind Ausdruck einer unbewältigten Aufgabe."[3]

Im Blick auf die gegenwärtige Diskussion um die Auferstehung, die schon seit 1994 erfolgt, und im Blick auf die Beiträge meines geschätzten Diskussionspartners ist Ebelings Urteil auch heute noch gültig – ein weiterer Grund, die unbewältigte Aufgabe in Angriff zu nehmen. Dabei erkenne ich dankbar an, daß endlich ein hochrangiger Vertreter der Kirche mit mir öffentlich diskutiert und mich nicht nur abkanzelt.

Die Auferstehung Jesu ist herkömmlich die Grundlage des Christentums. Ich war seit Beginn meines Studiums erstaunt über die Vielfalt der theologischen Meinungen dazu und gleichzeitig ratlos im wahrsten Sinne des Wortes über die Widersprüchlichkeit der diesbezüglichen Quellen des Neuen Testaments. Der einen Quelle zufolge hat Jesus nach der Auferstehung gegessen und getrunken, der anderen zufolge nicht. Gemäß der einen haben die Jünger Jesus erkannt, gemäß der anderen gerade nicht. Und während schließlich die Apostelgeschichte davon berichtet, daß Jesus vor der Himmelfahrt noch vierzig Tage auf Erden blieb, bestimmen andere Zeugen die Auferweckung Jesu und seine Erhöhung zu Gott als einen einzigen Akt Gottes.

---

3   Gerhard Ebeling, Thesen zur Frage der Auferstehung von den Toten in der gegenwärtigen theologischen Diskussion (1967), in: ders., Wort und Glaube III, 1975, S. 448.

In meiner Arbeit habe ich versucht, das Knäuel widersprüchlicher Aussagen zu entwirren, und eine klare Aussage dazu abgegeben, was historisch zuverlässig ist und was auf eine spätere Zeit zurückgeht. Ich setze dabei voraus, daß jede theologische Deutung sich daran orientieren muß, was damals nach Jesu Tod mit Jesus und seinem Leichnam wirklich geschehen ist. Beispielsweise können wir heute nicht mehr sagen: Jesus ist auferstanden, wenn wahrscheinlich gemacht werden kann, daß das Grab voll geblieben ist und Jesu Leichnam verwest ist. Diese meine historische Voraussetzung bitte ich immer im Auge zu behalten. Ich halte gar nichts davon, zu sagen, Jesu Leib sei zwar verwest, aber symbolisch sei er doch auferstanden. Ich finde, dann müssen andere Begriffe her. Dann ist auch das christliche Bekenntnis verlassen.

Das Osterereignis in der Bibel
Die beiden maßgeblichen Texte, die dem sogenannten Osterereignis am nächsten stehen, finden sich bei Paulus im ersten Korintherbrief (Kapitel 15, 3–5) und im Markusevangelium (Kapitel 16, 1–8).
Markus 16: „(1) Und als der Sabbat vergangen war, kauften Maria von Magdala und Maria, die Mutter des Jakobus, und Salome wohlriechende Öle, um hinzugehen und ihn zu salben. (2) Und sie kamen zum Grab am ersten Tag der Woche, sehr früh, als die Sonne aufging. (3) Und sie sprachen untereinander: Wer wälzt uns den Stein von des Grabes Tür? (4) Und sie sahen hin und wurden gewahr, daß der Stein weggewälzt war; denn er war sehr groß. (5) Und sie gingen hinein in das Grab und sahen einen Jüngling zur rechten Hand sitzen, der hatte ein langes weißes Gewand an, und sie entsetzten sich. (6) Er aber sprach zu ihnen: Entsetzt euch nicht! Ihr sucht Jesus von Nazareth, den Gekreuzigten. Er ist auferweckt worden, er ist nicht hier. Siehe da die Stätte, wo sie ihn

Mk 16,1-8

Ist der Gekreuzigte verwest? Oder war das Grab leer? 49

hinlegten. (7) Geht aber hin und sagt seinen Jüngern und Petrus, daß er vor euch hingehen wird nach Galiläa; dort werdet ihr ihn sehen, wie er euch gesagt hat. (8) Und sie gingen hinaus und flohen von dem Grab; denn Zittern und Entsetzen hatte sie ergriffen. Und sie sagten niemandem etwas; denn sie fürchteten sich."[4]

1. Korinther 15: „(3) Denn als erstes habe ich euch weitergegeben, was ich auch empfangen habe: Daß Christus gestorben ist für unsre Sünden nach der Schrift; (4) und daß er begraben worden ist; und daß er auferstanden ist am dritten Tage nach der Schrift; (5) und daß er gesehen worden ist von Kephas, danach von den Zwölfen."[5]

Um diese beiden Texte geht es in meiner kurzen Einführung, und diese sollten auch in der nachfolgenden Diskussion immer zugrunde liegen. Denn beispielsweise beruhen alle anderen neutestamentlichen Erzählungen vom leeren Grab auf Markus 16, 1–8 und entwickeln diesen Text weiter. Augenzeuge ist keiner der vier Evangelisten gewesen.

Zu Markus 16, 1–8

Der Erzählablauf besteht aus drei Teilen: Die Frauen sind erstens auf dem Weg zum Grab (Vers 2–4), zweitens im Grab (Vers 5–7), und drittens flüchten sie vom Grab weg (Vers 8). Der Mittelpunkt der Geschichte ist die Verkündigung des (1) Jünglings, eines Engels, an die Frauen: „Jesus ist auferweckt worden" (Vers 6).

Nun wird vielfach angenommen, die Frauen hätten den Jüngern von der Auferweckung Jesu erzählt und die Entdeckung des leeren Grabes sei Anlaß für die Verkündigung der Auferweckung Jesu gewesen. Die Frauen entdecken das

---

4   Markus 16, 1–8, zitiert nach der revidierten Lutherübersetzung.
5   1. Korinther 15, 3–5, zitiert nach der revidierten Lutherübersetzung.

(1) „Mittelpunkt": Mk 16,7 (für mich. Weil: V.7 erzählt das „Wozu" von V.6)

leere Grab, hören die Botschaft des Engels, erzählen den Jüngern von der Auferweckung, und die beginnen davon zu predigen. <u>Nimmt man die Geschichte beim Wort und schaut man auf den Text</u>, trifft diese Auffassung nicht zu. Denn am Ende (1) des Textes wird ausdrücklich betont, die Frauen hätten dem Auftrag des Engels keinen Gehorsam geleistet. Wie soll da die Botschaft von der Auferweckung Jesu die Jünger überhaupt erreicht haben?

Die Berichte des Matthäus und Lukas, die von einer Weitererzählung der Auferweckung Jesu sprechen, helfen hier nicht weiter. Sie glätten und harmonisieren an dieser Stelle eben nur die anstößige Nachricht des Markus, die Frauen hätten die Kunde von der Auferweckung nicht weitererzählt, sondern seien aus Furcht geflohen. Verstehen Sie mich nicht falsch! Ich sage nicht, der Markusevangelist war nicht von der Auferweckung Jesu überzeugt. Ich betone vielmehr, wie er die Geschichte geschrieben hat, und frage anschließend, warum er auf den Ungehorsam der Frauen abhebt. Die Antwort darauf lautet: Mit dem Motiv des Ungehorsams der Frauen erklärt Markus, warum die Geschichte von der Entdeckung des leeren Grabes so lange unbekannt gewesen ist und eben seiner Leserschaft nicht bekannt sein konnte. Sie haben eben entgegen dem Befehl des Engels nichts davon erzählt. Eventuelle Überlegungen darüber, daß die Frauen nach dem anfänglichen Ungehorsam dann doch noch von der Entdeckung des leeren Grabes berichtet haben müssen, gehen an der vorliegenden Gestalt des Textes vorbei und müssen die Frage offenlassen, wie lange die Frauen dazu geschwiegen haben.

Was aber ist historisch an dem Bericht Markus 16, 1–8? Antwort: Einzig und allein der Wortlaut der Botschaft des Jünglings an die Frauen: Jesus ist auferweckt worden.

(·1) dann auch die Frage: warum endet Text so? gehört zu einem Text nicht auch dazu, wozu er inspiriert: V.7 öffnet das Geschehen / →Spanng. zu V.8

1 Kor 15, 3-5

Zu 1. Korinther 15, 3–5

Paulus erinnert die Korinther daran, was er ihnen bei der Gründung der Gemeinde überliefert hat, und betont, es selbst – wohl bald nach seiner Bekehrung – empfangen zu haben. Es ist nun ein großer Glücksfall für die historische Rekonstruktion, daß Paulus diese Überlieferung, die er selbst bekommen hat, hier noch einmal zitiert.

Sie lautet in Vers 3b–5: „Daß Christus gestorben ist für unsere Sünden nach der Schrift; und daß er begraben worden ist; und daß er auferstanden ist am dritten Tage nach der Schrift; und daß er gesehen worden ist von Kephas und danach von den Zwölfen."

Diese Tradition besteht aus einem parallel gebauten Zweizeiler. Denn hier geht es um einen je doppelten Beweis: a) aus den Schriften, auf die jedoch nur allgemein verwiesen wird, und b) aus einer bestätigenden Tatsache. So bekräftigt die Aussage über das Begräbnis Jesu seinen Tod, und die Aussage über die Erscheinung vor Kephas und den Zwölfen bekräftigt die Auferweckung. Wohlgemerkt: Die Aussage über das Begräbnis bekräftigt die Tatsächlichkeit des Todes Jesu. Sie wird demgegenüber nicht mit der Auferweckung Jesu in Verbindung gebracht, etwa so, daß das Grab leer gewesen und also Jesus auferstanden sein müsse. Hätte Paulus von dieser Tradition eines leeren Grabes gewußt, wäre nicht einzusehen, warum er sie gegen die Korinther nicht ins Spiel brachte, denn diese stellten eine Auferstehung der Toten in Abrede.

Wir können also sagen: Bereits vor der Bekehrung des Paulus wurde die Aussage: „Gott hat Jesus von den Toten erweckt", durch die Erscheinung vor Kephas bekräftigt. Sie wurde nicht bekräftigt durch den Hinweis auf das leere Grab. Ich füge eine Überlegung hinzu. Ebenso wie Paulus sich die Auferweckung der Gläubigen so vorstellt, daß diese wie ein Samenkorn in die Erde gelegt werden und verwesen und dann

richtig: Tradit. v. leeren Grab ist wohl erst später entstanden

einen geistlichen Leib bekommen,[6] ebenso dürfte Paulus auch
an eine Verwesung Jesu gedacht haben, der dann aber in verwandelter Leiblichkeit auferweckt worden ist. Erst in einer
späteren Zeit, als ungläubige Juden die Auferstehung Jesu
überhaupt bestritten und als bestimmte Christen die Auferstehung bildlich interpretierten, erst da wurde jene neutesta-
mentliche Osterlegende ausgebildet, nach der Jesu Leichnam
nicht verweste, sondern – alsbald wiederbelebt – aus dem
Grab entwich und von den Jüngern wahrgenommen wurde.
Das war dann freilich ein handfester Beweis für die Auferstehung Jesu, der jüdischen und innerchristlichen Einwänden
gegenüber gewappnet war.

Eine geschichtliche Untersuchung der christlichen Aufer-
stehungsverkündigung führt also keineswegs zur Feststellung
eines übernatürlichen Ereignisses des Entschwindens Jesu aus
dem Grab, sondern zur Feststellung des plötzlich entstande-
nen Osterglaubens. Dieser schlug sich – zuerst dokumentiert
in der Erscheinung vor Kephas – in dem theologischen Satz:
„Gott hat Jesus von den Toten auferweckt", nieder und wurde
fortan fester Bestandteil des Bekenntnisses.

Aber was konkret hat zu diesem Satz der Auferweckung
geführt? Meine Antwort: Visionen. Von außen betrachtet, sind
die Ostererfahrungen als Visionen zu bezeichnen. Visionen
sind visuelle Erscheinungen von Personen, Dingen oder Sze-
nen, die keine äußere Wirklichkeit haben. Ausgangspunkt für
die These, die ältesten Ostererfahrungen seien Visionen, ist
Paulus. Dies sage ich unter der Voraussetzung, daß die Erscheinung vor Paulus, von der der Apostel im unmittelbaren
Anschluß an den genannten Text berichtet, von derselben Art
war wie die vorher genannten Erscheinungen zuerst vor Kephas, dann vor den Zwölfen, dann vor mehr als fünfhundert,

---

6   1. Korinther 15, 42.

dann vor Jakobus, dann vor allen Aposteln. Alle Erscheinungen werden als Gesehen-Werden bezeichnet. Da der Apostel seine Begegnung mit Jesus vor Damaskus mit den Erscheinungen vor den früheren Zeugen parallelisiert und selbst davon berichtet, Jesus gesehen zu haben, ist die Voraussetzung gut begründet, daß wir es hier mit Visionen zu tun haben, um so mehr, als Paulus auch an anderer Stelle ausdrücklich von einem Sehen Christi im Zusammenhang der Ostererfahrung spricht.

Abschließend sei darauf hingewiesen, daß die Mehrheit der deutschen Neutestamentler meine Meinung teilt, die Geschichte vom leeren Grab sei erst jüngeren Datums. Nur haben sie es vermieden, die natürliche Konsequenz aus dieser Einsicht klar auszusprechen, nämlich daß in diesem Fall Jesus auch verwest ist.

Eine ähnliche Übereinstimmung ist für die Frage der Umstände des Erscheinens Jesu festzustellen. Auch hier sind die meisten der Meinung, es handele sich um Visionen. Unterschiedlich wird die theologische Relevanz dieser Ergebnisse beurteilt. Die Palette der Meinungen reicht von der Aussage, Ostern sei eine gläubige Interpretation des Kreuzes oder Ausdruck dafür, die Sache Jesu gehe weiter, bis hin zur Aussage, Gott habe im gekreuzigten Jesus zu den Jüngern geredet. Alle diese Theologen dürfen beim Anlegen strenger Maßstäbe nicht mehr von einer Auferstehung Jesu reden, weil ihnen zufolge Jesu Leib im Grabe blieb und daher nicht auferstanden sein kann. Es führt demnach kein Weg an dem Urteil vorbei: Jesus ist gar nicht auferstanden, mögen auch alle urchristlichen Zeugnisse es anders sagen. Denn ihre Einstimmigkeit ist kein Beweis für ihre Wahrheit. Beispielsweise sagen auch alle neutestamentlichen Evangelien, die Juden seien schuld am Tode Jesu. Historisch besteht dagegen kein Zweifel, daß der Römer Pilatus für den Tod Jesu verantwortlich war.

Steht aber fest, daß die Auferstehung eine Interpretation der Jünger ist und keine historische Tatsache, so wird der Weg frei zu Jesus, wie er wirklich war. Künftiges Christsein hat sich also an Jesus und nicht am Auferstandenen zu orientieren.

Eingangsstatement Rolf Wischnath:
Dieses Streitgespräch hat seinen Anlaß in einem Presseartikel der Zeitung „Die Kirche", zu dem ich mich Anfang April habe hinreißen lassen – aus Gereiztheit nach der Lektüre von zwei Osterartikeln Gerd Lüdemanns in der Zeitung „Die Woche" und im „Deutschen Sonntagsblatt".[7] Mein Kommentar dazu war in Eile geschrieben. Auch dadurch ist er zu polemisch geraten. Er war zu sehr Polemik gegen das, was Gerd Lüdemann in der „Woche" zur Osterwoche '97 so geschrieben hatte: „Das bedrückendste Schauspiel im Kirchenjahr steht wieder vor der Tür. Von allen Kanzeln der Welt wird der Ruf erschallen: Jesus ist auferstanden. Obwohl eindeutig feststeht: Jesus hat sein Grab niemals verlassen, sein Leichnam ist verwest. Doch die Kirchenführer der beiden großen Konfessionen wagen es nicht, ihre Gemeindeglieder über wissenschaftliche Tatsachen aufzuklären." Dem habe ich scharf widersprochen. Und das hat vehemente Zustimmung und vehemente Ablehnung hervorgerufen. Deswegen reden wir heute abend miteinander.

Ich möchte aber, bevor ich mich direkt auf Gerd Lüdemann beziehe, sagen, warum sich meine Ausgangsposition in diesem Streit seit dem Schlagabtausch in der Zeitung „Die Kirche" im Frühjahr '97 verlagert hat. Auch Gerd Lüdemann hat für sich gesagt: „Diese meine Voraussetzung bitte ich im Auge zu behalten." Das sage ich jetzt auch, obwohl meine Voraussetzung eine andere ist und eine konkrete Erfahrung betrifft.

---

7   Beide Artikel sind in dieser Dokumentation abgedruckt: S. 15ff und S. 21ff.

Nachdem ich meinen Gegenartikel in ärgerlicher Eile von mir gegeben hatte, bin ich zu einer Reise aufgebrochen. Sie hat mich soweit wie noch nie von der deutschen Theologie und ihren akademischen Ansprüchen weggeführt. Denn ich war mehrere Wochen auf Kuba, der Insel in der Karibik, die wie ein Schlüssel vor Latein-, Mittel- und Nordamerika liegt. Wir waren als Gruppe berlin-brandenburgischer Mitchristen eingeladen von der Presbyterianisch-Reformierten Kirche Kubas. Und wir kamen in ein Land, das derzeit in vielen Bereichen wie vom Tod gezeichnet ist und nach menschlichem Ermessen ohne „real-existierende" und irdisch zu verwirklichende Hoffnung lebt. Die Revolution Fidel Castros und Che Guevaras war einmal die Revolution, die wie keine andere in diesem Jahrhundert vor fünfzig Jahren in der Hoffnung auf Leben und Auferstehung eines versklavten Landes die Menschen in den Aufstand und in die Hoffnung gerufen hatte. Sie ist offenbar am Ende, jedoch ohne zu ihrem Ende zu kommen. Sie verwest auf den Bajonetten eines verfilzten Militärs und Geheimdienstes; sie stinkt unter dem Druck wertlos gemachter Pesos und des Dollars als der „legalen" zweiten Währung, die die Moral des Landes in der Wurzel korrumpiert; sie kann den Kubanern nicht einmal mehr das eben Notwendige zum äußeren Leben geben. Auf der anderen Seite – zu Miami in Florida in den USA als „Gods own land" – streckt eine Bande von Geldhaien und Konzernen die Hand nach der Insel aus, um Kuba wieder dorthin zu manövrieren, von wo aus es sich einmal erhoben hatte. Vor genau einer Woche aber ist auf Kuba etwas Eigenartiges geschehen. Dort sind zu Santa Clara die Gebeine des Nationalhelden Che Guevara, der einmal vielen auf der ganzen Welt wie eine Inkarnation und Erleuchtung des neuen, wahren Menschen erschien, zur Ehre der revolutionären Altäre erhoben worden – ein theatralisches, auch durch und durch religiöses Ritual, ein raffinierter Todeskult mit Massenpsychosen und entsprechenden Rufen: „Er lebt! Er lebt! Unsterblich, Che! Unsterblich! Wir lieben dich, Che!"

Ist das ein vergleichbarer Vorgang, wenn Gerd Lüdemann meint, er müsse die Rede von der „Auferstehung Jesu" mit massenpsychologisch erklärbaren Phänomenen interpretieren? Aber wo ist für die Menschen, die das erleben – da auf Kuba – überhaupt noch Hoffnung wirklich und tragfähig zu finden? Wo ist für uns hier in Brandenburg Hoffnung zu finden angesichts einer Situation, in der die „historische Alternative" – der „Sozialismus" – total zerbrochen ist und das neue (alte) System – der „Kapitalismus" – so viel Hoffnungslosigkeit und Verzweiflung aus sich entläßt? Wo ist Lebenskraft für die Menschen auf jener fernen Insel und auch für uns vor Ort im Osten Deutschlands nach all den hier oft noch sichtbaren Wunden des letzten Krieges, von denen wir ja nur eine mit der Wiederherstellung des Füstenwalder Domes erst kürzlich haben schließen können? Wo gewinnen wir Zuversicht nach diesem Jahrhundert der großen Kriege, nach der Barbarei des Nationalsozialismus, nach all der Enttäuschung und Entehrung des Sozialismus und in den aktuellen Desillusionierungen des mit soviel Enthusiasmus vor sieben Jahren begrüßten anderen politischen und wirtschaftlichen Systems? Wo und wie ist heute die Sprache der Hoffnung zu lernen? Was hcißt in einem solchen Kontext „Auferstehung von den Toten"? Was heißt in einem solchen Zusammenhang das Wort Jesu „Ich lebe und ihr sollt auch leben"? Und was ist vor diesem Hintergrund das Bekenntnis der Christen?

„Diese meine Voraussetzung bitte ich im Auge zu behalten", sage ich mit den Worten Gerd Lüdemanns, wenn ich

Ohne Auferstehung Christi keine Hoffnung – Rolf Wischnath

mich nun „akademisch" seiner Position in der Auferstehungs-
und Hoffnungsfrage zuwende. Ich tue das in vier Schritten:

1. Die Einheit der Osterberichte

Die Lektüre der Osterberichte des Neuen Testaments läßt den,
der sie – wie Gerd Lüdemann – erkenntnisleitend mit histo-
risch-kritischem Argwohn und Instrumentarium liest, nur ihre
äußere „Widersprüchlichkeit" wahrnehmen. Wer aber nach
dem praktisch-theologischen – ich könnte auch sagen: nach
dem seelsorgerlichen, gemeindebezogenen, hoffnungsstiften-
den – Interesse der neutestamentlichen Mitteilungen fragt,
kann allemal elementare Gemeinsamkeiten entdecken.
*(Der folgende Abschnitt war im Manuskript von Rolf Wisch-
nath enthalten, wurde aber aus Zeitgründen im Eingangsstatement nicht vorgetragen.)*
Diese Elementaria lassen sich in sechs Aspekten darstellen:

(I) Alle Erscheinungsberichte betonen die Identität des Auferstandenen mit dem Gekreuzigten und binden diese an die
Leiblichkeit des Auferstandenen.

(II) Zugleich wird „die andere Gestalt" unterstrichen, in der
der Auferstandene seinen Jüngern erscheint. Diese Andersar-
tigkeit wird von einer eigentümlichen Unabhängigkeit von
Raum und Zeit, die sich in einer Plötzlichkeit seines Erscheinens und Entschwindens ausdrückt, begleitet. In seiner Identität macht sich der Auferstandene selber bekannt, indem er
mit den Seinen „kommuniziert".

(III) In den Ostererscheinungen verkündigt der Auferstandene nicht mehr (wie zuvor der „irdische" Jesus) die Gottesherrschaft, sondern es geht um ihn selber als die Selbstoffen-
barung dessen, den Gott von den Toten auferweckt hat.

(IV) Die Erscheinungen werden als schlechterdings über-
führend geschildert; sie enden nicht in der Schwebe, in der sie
anerkannt oder auch bestritten werden könnten, sondern in

1 Kor 15,17

Ist der Gekreuzigte verwest? Oder war das Grab leer?   59

Erkenntnis und Bekenntnis, durch die die Augenzeugen ihrerseits „auferweckt" werden.

(V) In der Mehrzahl der Erscheinungsgeschichten gibt Jesus seinen Jüngern einen Auftrag. Die Augenzeugen werden zur Verkündigung des Auferstandenen ausgesandt. Aber auch ohne ausdrückliche Anordnung zielen die Erscheinungsberichte auf die Sendung der Jüngerinnen und Jünger.

(VI) Der Plötzlichkeit des Erscheinens entspricht das unversehentliche Entschwinden des Auferstandenen, nachdem er erkannt und der Auftrag erhört worden ist. Das Schauen seiner „Herrlichkeit" war stets nur von kurzer Dauer; er steht für keinerlei Demonstrationen zur Verfügung, er läßt sich nicht „haben" und dann gar für sich behalten, sondern er begründet die Gewißheit des Glaubens, in dem die zum Glauben Gekommenen sich nun als seine Zeugen bewähren sollen. *(Punkte I–VI nach Edmund Schlink und Michael Weinrich; Ende des Abschnitts)*

Vor allem aber ist das grundlegende und die Einheit der Ostertexte gewährende Elementare des Osterzeugnisses wahrzunehmen. Es läßt sich mit den Worten des Paulus so formulieren: „Ist aber Christus nicht auferweckt worden (von Gott), so ist euer Glaube nichtig, ihr seid noch in euren Sünden (das heißt, ihr seid noch ganz und gar in der alten, euch versklavenden Wirklichkeit des Todes gefangen; ihr seid nicht befreit, und ihr habt keine Zukunft)" (1. Korinther 15, 17).

Ohne Frage gibt es nicht zu leugnende Unterschiede in den neutestamentlichen Bezeugungen des Satzes: „ER ist auferweckt worden." Sie betreffen jedoch den einen Sachverhalt nicht, den alle Texte bezeugen: daß der am Kreuz („für uns") gestorbene Jesus lebt – und zwar nicht im Sinne einer Rückkehr in das alte irdische Leben (im Sinne der „Wiederbelebung" einer Leiche) – davon spricht kein einziger Text –, sondern in dem Sinne, daß ER den Tod – in der Kraft Gottes –

definitiv hinter sich gelassen und die Macht des Todes gebrochen hat.

Paulus verknüpft zudem (vor allem in 1. Korinther 15) das Zeugnis von der Auferweckung Christi streng mit der Hoffnung auf die Auferweckung der Toten, das heißt mit der Verheißung, daß auch wir den Tod – in einer unabdingbaren Folge der Auferweckung des Gekreuzigten – einmal definitiv hinter uns lassen werden und daß wir aus der Kraft solcher Auferweckung schon diesseits im Angesicht des Todes (heute!) aufstehen und leben sollen. Und diese Hoffnung und Gegenwartsbewährung sind in der Tat die entscheidende Kontrollfrage für das Verständnis der Auferweckung Christi.

2. Die eigentliche Streitfrage

Die eigentliche Streitfrage, um die es nach meiner Sicht in unserem Gespräch geht, betrifft den Wirklichkeitsrang der Auferweckung Jesu Christi. Mit anderen Worten: Wir streiten über das, was in diesem Zusammenhang der Begriff der „Wirklichkeit" bedeuten kann und soll.

Gerd Lüdemann hat durch die Ergebnisse seiner Arbeit auf diese alte Frage eine alte und plausible Problemlösung erneut vorgetragen und sie durch die Weise journalistischer Vereinfachungen und Zuspitzungen öffentlichkeitswirksam gemacht. Er interpretiert die neutestamentlichen Texte über die Erscheinungen des auferweckten Jesus als psychisch zu erklärende Reflexionsaussagen. Das heißt, er sieht in ihnen Produkte seelischer Not und Hoffnung – geboren aus den seelischen Erinnerungsressourcen der Jünger, die sich – ihrer Zeit gemäß – eines Sprachbildes ihrer Zeit (der entscheidenden Metapher der jüdischen Apokalyptik) von der „Auferweckung / Auferstehung" bedienen.

Die Gegenposition sagt – in Übereinstimmung mit dem Bekenntnis aller christlichen Kirchen –, daß es sich in den

↓ Gegenposition: Realitätsaussage

Ist der Gekreuzigte verwest? Oder war das Grab leer? 61

Texten um Realitätsaussagen handelt. Sie berichten – natürlich in der Vorstellungswelt der damaligen Zeit mit ihren zeit-
gebundenen Sprachbildern – von einer Wirklichkeit, die
„objektiv" ist, das heißt unabhängig von deren damaligen und
unserem heutigen Bewußtsein davon. Aber auch diese Position ist vor Fallstricken nicht gefeit: Es sind die Fallstricke
eines ebenso in der Ressource des Historischen und Faßbaren
bleibenden Wirklichkeitsbegriffes fundamentalistischer und
biblizistischer Buchstabengläubigkeit. (Ein solcher Fundamentalismus behauptet einfach das Gegenteil und die Faßbar-
keit der bestrittenen Ereignisse; er ist dabei nicht selten – aus
Angst vor dem Verlust von Gewißheiten – versessen und
beharrlich und gefangen im religiösen Status quo.)

Alles kommt aber darauf an, daß die Realität der Auferweckung, daß ihre Wirklichkeit theologisch gefaßt wird als
die für uns nicht verfügbare und eingrenzbare Wirklichkeit
der Treue des Gottes Israels, die in die Zukunft weist.

Es steht hinter dieser Kontroverse die Grundfrage nach dem
Wesen des christlichen Glaubens: Ist er eine religiöse, vor
allem psychologisch zu begreifende Vertiefung unserer dies-
seitigen Welterfahrung mit immer neu zu findenden zeitgemäßen Ausdrucksformen, in der mein „Ich" das Maß aller
Dinge bleibt? Oder ist er die fundamentalistische Behauptung
einer „frommen", weltabgewandten Sonderrealität, die uns
der Nöte des Diesseits enthebt nach dem Motto: „Und mag
die Welt auch noch so sausen, wir wollen hier im Stillen hau-
sen"? Oder aber ist er die erfahrungs- und religionskritische,
durch den Glauben an den Gott Israels herausgeforderte Infragestellung meines gefräßigen Ichs und darum auch und vor
allem Infragestellung des machtvollen Letztgültigkeitsan-
spruchs des uns beherrschenden Todes und seiner Mittel?
Anders gefragt: Werden die Gesetze des Vergänglichen und
der Gewalt durch religiöse und psychologische Deutung ihrer

Wesen
christl.
Glaubens

Bedrohlichkeit entkleidet, indem wir sie aus religiöser Sicht anders ansehen und interpretieren? Oder werden sie schlicht geleugnet durch die Errichtung religiöser Fluchtburgen, gebaut auf den Fundamentalismen religiösen oder esoterischen Obskurantentums? Oder aber werden sie tatsächlich entmachtet durch das wirkliche Eingreifen Gottes – des Gottes, den Israel als den wirklichen Befreier aus der Sklaverei Ägyptens bekennt und den es als den preist, der – weil er der Gott der Treue ist – „die Toten auferwecken wird und der reich ist an Hilfe" (wie es im jüdischen Achtzehnbittengebet heißt, was ja übrigens Paulus in Römer 4,17 übernimmt)?

3. Die Auferweckung Jesu als Reflexionsaussage

Gerd Lüdemann versteht die Auferstehungstexte prinzipiell als psychisch zu erklärende Reflexionsaussagen. Dazu deutet er die Erscheinungen Jesu als Visionen, die er wiederum bezeichnender- und konsequenterweise als „Sinnestäuschungen" versteht. Die Ergebnisse seiner jeweiligen historischen Rekonstruktionen sind nach meiner Sicht weit mehr von hieraus als den eigenen gedanklichen Voraussetzungen abhängig als von objektiv feststellbaren historischen Sachverhalten und den ihnen entsprechenden Erkenntnissen.

Das bedeutet, zugespitzt gesagt: Gerd Lüdemann will und kann die Auferweckung Jesu nicht glauben, ganz gleich, was die biblischen Zeugnisse sagen. Das will ich hinnehmen. Nicht aber nehme ich hin, wenn er seine Visionshypothese als eine unabweisbare, zwingend notwendige, wissenschaftlich-exegetische Folgerung aus dem neutestamentlichen Befund darstellt. Dagegen ist zu sagen – und zwar aus wissenschaftlichen Gründen: Die Visionshypothese ist eine gegen die Texte arbeitende Deutung. Denn die Texte sprechen übereinstimmend von der Erscheinung dessen, der das Grab und den Tod hinter sich gelassen hat, ehe er seinen Jüngern erschien und

Acta 1+2

Ist der Gekreuzigte verwest? Oder war das Grab leer?   63

bevor sie an ihn glaubten. Das Osterereignis liegt den Ostererscheinungen wie auch dem Osterglauben zeitlich wie sachlich voraus!
*(Der folgende Abschnitt war im Manuskript von Rolf Wisch-
nath enthalten, wurde aber aus Zeitgründen im Eingangsstatement nicht vorgetragen.)*

Wie sehr ein Vorurteil die Exegese bei Gerd Lüdemann
bestimmt, ist auch mit Einzelheiten zu zeigen an dem, was er
hier in seinem Eingangsstatement allgemein zu den Ostertex-
ten und dann speziell zu Markus 16, 1–8 und zu 1. Korinther
15, 3–5 vorgetragen hat. Ein Beispiel: Daß Jesus nach seiner
Auferstehung noch vierzig Tage „auf der Erde blieb", wie
Lüdemann hier vorgetragen hat, steht nicht in der Apostelgeschichte des Lukas, dem er diese Ansicht unterstellt. Die Rede
ist in Apostelgeschichte 1, 3 vielmehr davon, daß er „während
vierzig Tagen" den Jüngern „erschien". Lukas spricht keineswegs von einem ununterbrochenen, die Gemeinschaft der
Erdentage fortsetzenden Aufenthalt des Auferstandenen bei
den Aposteln, wie Sie, Herr Lüdemann, und andere Exegeten
darlegen, sondern davon, daß der Auferstandene in einer
Reihe von Erscheinungen, die sich über einen Zeitraum von
vierzig Tagen verteilten, seinen Aposteln begegnet ist, um sie
zu ihrem Dienst als „Zeugen" auszurüsten. Diese Erscheinungen sind Erscheinungen des erhöhten Herrn vom Himmel
her.[8] Lukas sieht die Auferstehung Jesu und seine Erhöhung
zur Rechten Gottes durchaus in einem unmittelbaren Zusammenhang.[9] Die sogenannte „Himmelfahrt" markiert das Ende
der zu „Zeugen" ausrüstenden Erscheinungen des Auferstandenen.

---

8   Wilhelm Michaelis, ThWNT V, S. 536; Leonhard Goppelt, Theologie
    des NT I, S. 293f u. a.
9   Lukas 24, 26.46; Apostelgeschichte 2, 32–36; 5, 30f.

Mk 16,
1-8

Was Gerd Lüdemann zu Markus 16, 1–8 hier vorgetragen hat, verkennt den theologischen Sinn der Aussage des Verses 8 völlig. Im Gesamtzusammenhang des Markusevangeliums ist deutlich, daß auch dieser letzte Vers mit dem das ganze Evangelium vorherrschenden Motiv des Jünger-Unverständnisses zusammengehört. Die Frauen können nach Markus nur so reagieren, wie sie es tun, weil weder die Feststellung, daß das Grab leer ist (5f), noch auch selbst das Wort eines Engels (6f) den Osterglauben zu wirken vermögen. Diesen Glauben schafft allein der Auferstandene – so bei den Jüngern und Petrus, als sie ihn in Galiläa „sehen" (worauf Vers 7 hinweist, der mit Markus 14, 28 zusammenzunehmen ist). Die Erklärung, die Gerd Lüdemann für Vers 8 gibt – Markus erkläre mit diesem Vers und Motiv des Ungehorsams der Frauen, warum die Geschichte von der Entdeckung des leeren Grabes seiner Zuhörerschaft nicht bekannt geworden sein konnte –, ist aus der Luft gegriffen und völlig spekulativ. Angesichts dessen, daß der Vers aus dem Gesamtkontext des Markusevangeliums konsequent erklärt werden kann, ist zu fragen, ob eine solche mutmaßende Erklärung, wie Gerd Lüdemann sie vorträgt, noch „wissenschaftlich" genannt werden kann.

1 Kor
15, 3-5

Auch die vorgetragene Exegese von 1. Korinther 15 läßt kritisch nachhaken, denn die Deutung Gerd Lüdemanns, daß die Aussagen über das Begräbnis nur den Tod und die über die Erscheinungen nur die Auferstehung bestätigen beziehungsweise bekräftigen sollen, ist keineswegs Konsens der Exegeten und nach meinem Urteil sogar unhaltbar. Dazu zunächst zwei Fragen: 1) Inwiefern „bestätigt" eigentlich das „etaphae" („begraben") die Aussage, daß Christus „um unserer Sünden willen" gestorben sei? 2) Inwiefern „bekräftigt" die Erscheinung, daß Jesus auferstanden ist? „Erscheinen" könnte antikem Denken zufolge zum Beispiel sehr wohl auch ein Geist oder ein Gespenst oder ein wiederbelebter Toter. Wichtiger aber ist, was Franz Mußner in seinem beachtenswerten Aufsatz gezeigt hat:[10] Es liegt in 1. Korinther 15, 3b–5a „enumerative Redeweise" vor, durch die vier Aussagen gleichwertig aneinandergereiht werden, wobei ein jeder der vier Aussageglieder seine semantische Bedeutung durch die Position im Satzgefüge und mithin vom Zusammenhang mit den anderen Gliedern her gewinnt. Die semantische Relationsanalyse ergibt: „Begraben" wurde der getötete Leib Christi; „auferweckt" wurde der gestorbene und begrabene Christus – was impliziert: der gekreuzigte und begrabene Leib; „erschienen" ist der aus dem Grab auferweckte Gekreuzigte. Das alles ist nicht ein theologisches Postulat, sondern das Ergebnis einer – wissenschaftlichen – semantischen Relationsanalyse der von Paulus zitierten Formel. Diese Formel impliziert, daß das Grab leer war. Mit dem leeren Grab argumentiert Paulus eben deshalb nicht, weil er mit dem apostolischen Kerygma argumentiert, das den Glauben gewirkt hat (V. 11; vgl. V. 12ff).

Auch Lüdemanns Argumentation mit 1. Korinther 15, 42f, in der er dem Apostel den Gedanken der „Verwesung Jesu" unterstellt,[11] ist unhaltbar: Paulus verwendet hier doch ein Bild. Die Sache dagegen benennt er 1. Korinther 15, 50ff, und hier wird deutlich, daß er für den Augenblick der Parusie Jesu nebeneinander stellt: die Auferstehung der toten Christen (V. 52). Von Vers 51 her ist dann klar: Es geht bei Toten wie bei Lebenden um die Verwandlung des alten, vergänglichen

1 Kor 15,42 f.

---

10 Zur stilistischen und semantischen Struktur der Formel 1. Korinther 15, 3–5, in: Die Kirche des Anfangs. FS Heinz Schürmann, 1978, S. 405–415.

11 Gerd Lüdemann im Eingangsstatement: „Ebenso wie Paulus sich die Auferweckung der Gläubigen so vorstellt, daß diese wie ein Samenkorn in die Erde gelegt werden und verwesen und dann einen geistlichen Leib bekommen, ebenso dürfte Paulus auch an eine Verwesung Jesu gedacht haben, der dann aber in verwandelter Leiblichkeit auferweckt worden ist."

(∧ S.51 f)

Leibes in den neuen, unvergänglichen Leib, also um beides zugleich: Kontinuität und Diskontinuität. Anders gesagt: Es geht nicht um Ersetzung des Alten durch ein völlig Neues, sondern um die Neuschöpfung an dem Alten. In diesem Sinn hat sich Paulus auch die Auferstehung Jesu vorgestellt. *(Ende des Abschnittes)*

Wo aber die Frage nach einer wirklichen (objektiven) Seite des Ostergeschehens unter dem Diktat eines vorgefaßten handgreiflichen Wirklichkeitsbegriffes als Voraussetzung von vornherein verabschiedet wird, muß um so einseitiger und gewaltiger der Akzent gesetzt werden auf die manifeste Wirklichkeit psychischer Erregungen oder Ausfallerscheinungen, auf die geistigen und geistlichen Entscheidungsakte der Jünger beziehungsweise auf die entsprechend psychologisch aufgemöbelte und ausgerüstete Kirche und ihr Tun oder aber auf irgendwelche anderen ganz menschlichen Eigenschaften beziehungsweise Fähigkeiten, von denen dann alles – aber auch alles – abhängt. Nach meiner Sicht ist das letztlich auch so bei Gerd Lüdemann; und ich halte das für eine – im ursprünglichen Sinn des Wortes – trost- und heillose Überforderung, bei der in Wahrheit der so psychologisch und moralisch überforderte Mensch allein auf sich selbst bezogen und in sich selbst verkrümmt bleibt. In der Tat: Dieser Mensch stirbt im Tode, weil der Tod auch das Ende aller psychischen Erregungen und Beziehungskisten ist, in denen wir uns wechselseitig aufhelfen.

4. Die Auferweckung Jesu als Aussage der Wirklichkeit des Gottes Israels

Im Unterschied zur Visionshypothese sehe ich in der Auferweckung Jesu – im Sinne der biblischen Zeugen und mit dem Bekenntnis der Kirche – eine Wirklichkeitsaussage in der Konsequenz der schöpferischen Macht des Gottes Israels. Die Auferstehung ist meines Erachtens anzusehen als Tat der –

ein Ereignis "sui generis"

Ist der Gekreuzigte verwest? Oder war das Grab leer? 67

prinzipiell mit historischen Mitteln nicht völlig umfaßbaren und einzuholenden – Wirklichkeit Gottes. Das heißt, sie steht ganz und gar in der Macht Gottes; und auch in ihrer Offenbarung bleibt sie in Gottes Hand. Als solche aber gibt sie gerade so den Blick auf die eigentliche, die wahre und wirkliche Geschichte Gottes mit den Menschen frei.

Für diesen Begriff von Wirklichkeit ist allerdings entscheidend, daß er biblisch gewonnen ist: in der Kraft eines „Begriffes", der sich nicht in der Tatsachenfeststellung und ihren psychischen Reflexionen erschöpft, der auch nicht unterscheidet zwischen Wahrheit und Wirklichkeit, sondern alle Festigkeit und Verläßlichkeit vom „Amen" des Gottes gewinnt, „der Himmel und Erde gemacht hat, der Bund und Treue hält ewiglich und der nicht preisgibt die Werke seiner Hände", wie es mit den Worten der Psalmen zu Beginn eines jeden reformierten Gottesdienstes heißt.

Das bedeutet einerseits: Die Auferweckung des Gekreuzigten ist geschehen in der schöpferischen Macht des Gottes Israels. Sie ist ein Ereignis „sui generis" (eigener Art). Sie begründet eine Realität, die unsere Sicht von Wirklichkeit, die allenthalben unter der Bedingung des die Schöpfung zerstörenden Todes steht, immer kritisch erweitert und in Frage stellt. Sie findet sich nicht ab mit dem Vorgegebenen als Maß aller Dinge. Und sie führt zu einem Realismus, der den Menschen und die Welt nicht in sich selbst verkrümmt und abgeschlossen sieht, sondern in dem wirklichkeitsschaffenden und Geschichte wirkenden Gegenüber von Gott und Mensch. In der Auferweckung Jesu wird wie sonst nur in der Schöpfung am Anfang aller Zeit die höchst folgenreiche Möglichkeit eines reinen Handelns des Gottes Israels – ohne jede Beteiligung des Menschen – in diesem Gegenüber erkannt und bekannt.

Andererseits aber beteiligt die ohne Beteiligung des Menschen geschehene Auferweckung Jesu nun unverzüglich in ihrer Folge den Menschen. Sie tut das, indem der Auferstandene selber die Schar der trostlosen, verzweifelten, todgeweihten Menschen verwandelt zu lebensgeweihten, ermutigten und getrösteten Jüngerinnen und Jüngern und indem er sie sendet als seine Zeugen, als Zeugen der Auferweckung des Gekreuzigten. Das heißt, mit dem Ostertag beginnt eine neue Geschichte des Menschen und damit eine neue Gestalt der Welt. Ostern ist Anbruch einer neuen Wirklichkeit, einer neuen Ära, die in Spannung und in den Kampf tritt mit allem Vorhandenen und Trostlosen und Todessüchtigen und Todverfallenen. Im Bereich dessen, was wir davon wahrnehmen, ist die Konkretheit und die Leiblichkeit dieser Gegenwirklichkeit höchst bedeutsam. Sie darf nicht spiritualisiert und in frommer Anschauung oder psychologisch umgerüsteter Seele verflüchtigt werden. Gegen solche Verharmlosung ist durchaus scharf zu akzentuieren:

Die Auferweckung des Jesus Christus ist kein Phänomen der Psyche oder des Reiches der Ideen. Sie hat sich ereignet am zerschlagenen Leib des Gekreuzigten, da die Leiblichkeit des Menschen unlöslich zu seiner Schöpfungswirklichkeit gehört. (Darauf weist jüdische Theologie immer wieder und unablässig hin.) Und darum ist es falsch zu sagen, der Gekreuzigte sei verwest, was nach jüdisch-theologischen Maßstäben nur heißen kann, er sei in seiner Schöpfungswirklichkeit total zerstört worden. In diesem Sinne ist die Behauptung der Verwesung ein glaubensloser Satz und die Behauptung der Auferweckung (ohne das begleitende Zeugnis des leeren Grabes) ein in sich selbst hoch problematischer Widerspruch. Und darum – nur darum – ist das Zeugnis des leeren Grabes als ein durchaus auch historisch beachtliches *Zeichen* der leiblichen Auferstehung zu achten, was ja keinesfalls bedeuten darf und kann, es als einen schlagenden Beweis zu reklamieren. (Wie soll der Ort des Todes beweisen, was ihn

Lüdemann 2

Ist der Gekreuzigte verwest? Oder war das Grab leer?   69

selber total sprengt und überflüssig macht? Wie soll das Rätsel eines leeren Grabes an und für sich mehr leisten als Verstörung? Was könnte ein solcher zweideutiger Un-Sinn ohne das Licht der einzig sinnstiftenden Erscheinung des Auferweckten Besseres hervorbringen als ein Entsetzen über die Rätselhaftigkeit des Gottes Israels?) – Noch einmal: Nichts ist durch das leere Grab bewiesen, aber ohne das leere Grab wäre (jedenfalls nach jüdischem Verständnis) alles nur eben absurd. Und darum ist das leere Grab keineswegs als Zeichen überflüssig und egal. Allerdings: Beweisen, überführen, Glauben wecken kann nur der auferweckte Jesus Christus selber – auf eine Weise, die ihm über alle unsere sich so realistisch gebenden Grenzen hinweg möglich ist und „gefällt". Daß er es eindeutig getan hat, bezeugt das Neue Testament auf vielerlei, manchmal auch für uns heute schwierige und zweideutige Weise. Und daß es ihm auch heute noch „gefällt", ist allemal wahrzunehmen für den, der dem Auferstandenen glaubt und in der Wirklichkeit seines eigenen Lebens und Sterbens mit ihm als dem „einzigen Trost im Leben und im Sterben" (Heidelberger Katechismus, Frage 1) lebt und stirbt.

Gerd Lüdemann:

Es wird unmöglich sein, auf die Fülle der Gesichtspunkte, die Herr Wischnath genannt hat, zu antworten. Ich möchte zunächst einmal etwas nachtragen oder etwas näher ausführen, auf das Herr Wischnath nicht eingegangen ist: auf Jesus. Er hat immer nur vom Auferstandenen gesprochen. Wenn Sie sonntäglich das Glaubensbekenntnis sprechen: „Ich glaube an Jesus Christus, Gottes eingeborenen Sohn unseren Herrn", geht es weiter: „empfangen vom Heiligen Geist, geboren von der Jungfrau Maria", und dann klafft ein großes Loch: „gelitten unter Pontius Pilatus, gekreuzigt, gestorben und begraben". An diesem Rahmen will die Kirche oder will Herr Wischnath

festhalten. Ich schlage dagegen vor, Jesus, der im Glaubensbekenntnis der Kirche überhaupt nicht berücksichtigt wird, Jesus,
wie er wirklich war, und nicht, wie er phantasiert wird, mehr in
die Mitte des Christlichen zu rücken. An der Auseinandersetzung mit Jesus entscheidet sich nach meiner Auffassung das
Christentum und der Glaube, und dort kann auch Glaube entstehen. Darauf ist Herr Wischnath nicht eingegangen. Das
konnte er auch nicht, weil ich das nur angerührt habe, aber darüber sollten wir später noch einmal sprechen. Mit diesem
Votum bin ich eins mit dem EKD-Ratsvorsitzenden, der gerade gestern in einem Interview mit idea erklärt hat, wie er zur
historisch-kritischen Methode steht. Er schreibt: „Ich selbst
bin dankbar, daß ich in meinem Studium die historisch-kritische Auslegung gründlich kennengelernt habe. Sie geht davon
aus, daß man sich gar nicht ernsthaft und intensiv genug um
die Bibel bemühen kann." Und jetzt folgt der Satz: „Es geht
schlicht darum, herauszubekommen: was ist wirklich Wort
Gottes und was ist sogenannte Gemeindebildung, also nach
dem Tod Jesu ihm in den Mund gelegt worden."[12] Hier haben
Sie die Unterscheidung. Alles das, was nachträglich Jesus in
den Mund gelegt worden ist, einschließlich dessen, was der
Auferstandene gesagt hat, muß zur Seite geschoben werden,
und nur das, was Jesus wirklich gesagt hat, kann künftig ausschließlich als „Wort Gottes" anerkannt werden. Das ist der
Punkt: Hier steht ein wirklicher Jesus gegen den dogmatischen
Christus, Jesus gegen den Auferstandenen. Darüber sollten wir
noch sprechen.

erinnert an Marcion

Jetzt möchte ich noch vier Dinge ansprechen: Herr
Wischnath nannte meinen Artikel aus der „Woche". Ich habe
diesen Artikel nicht hastig geschrieben, sondern mit Über-

---

12 Klaus Engelhardt, idea-Spektrum Nr. 44 (29. Oktober 1997), S. 14f.

legung, da ich in der Tat der Meinung bin, daß die meisten
Pastorinnen und Pastoren wissen, daß Jesus gar nicht aus dem
Grab gekommen ist. Trotzdem sind sie durch das Bekenntnis
der Kirche daran gebunden, das zu verkündigen. Und hier
möchte ich Herrn Wischnath bitten, klar und ohne Wenn und
Aber Stellung zu nehmen: War das Grab voll, oder war das
Grab leer?

Alle theologische Diskussion, die das verdreht und sagt,
das sei nicht so wichtig, muß hier eine historische Stellungnahme abgeben, die dann auf den Prüfstand der Kritik geho-
ben werden kann. Ich habe Gründe dafür angegeben, daß das
leere Grab eben nicht zum Ursprung der Überlieferung
gehört. Also noch einmal: War das Grab voll oder leer? Ist Jesu
Leichnam verwest oder nicht? Das ist doch eine Frage, die
prinzipiell beantwortet werden kann und an der auch Nicht-
Christen interessiert sind. Und wenn die Frage beantwortet
werden kann in dem Sinne, daß Jesu Leichnam verwest ist,
dann schert mich die ganze Geschichte des Christentums
überhaupt nicht. Denn es geht hier um Wahrhaftigkeit und
Ehrlichkeit. Und Ehrlichkeit ist wichtiger als ein Kirchen-
glaube, der nicht der Ehrlichkeit verpflichtet ist.

In der Stellungnahme von Herrn Wischnath wird an zwei
Stellen davon gesprochen, daß die Texte übereinstimmend von
der Erscheinung dessen sprechen, der das Grab und den Tod
hinter sich gelassen hat. Ich frage, ist das Grab hier symbolisch gemeint oder wirklich? Und auch darauf muß eine Antwort möglich sein und auch gegeben werden können. Da
spricht kein Text explizit von der Wiederbelebung einer Leiche. Aber in dem Moment, wo der Stein zur Seite gerollt wird
und der Engel sagt: „Seht, wo sie ihn hingelegt haben", ist die
Voraussetzung doch die Wiederbelebung der Leiche. Denn
Jesus war tot. Darauf möchte ich bitte Antwort haben. Meine
Antwort darauf kennen Sie.

Ich meine auch, daß es möglich ist, in der Gegenwart Hoffnung zu entwickeln, eine religiöse Erfahrung zu machen, die Raum und Zeit überschreitet. Ein gnostisches Evangelium, das nicht in den Kanon gekommen ist, sagt es so: „Diejenigen, die sagen, daß Jesus starb und auferstanden ist, irren sich." Das sagen die kirchlichen Christen. Vielmehr ist richtig, „Jesus stand auf, und dann starb er".[13] Es geht mir persönlich also um Auferstehung in diesem Leben, die dann dem Tod gegenüber gelassen ist, aber freilich nicht davon träumt, daß Jesus wiederkommen wird. Das ist jetzt die vorletzte Frage: Ich würde sagen: Wer sagt, daß Jesus von den Toten auferstand und sich an das Glaubensbekenntnis dabei anschließt, muß auch sagen, daß er auf den Wolken des Himmels wiederkommt. Das ist eine Kette: auferstanden und wiederkommen.

Und dann das allgemeine Gericht. Da frage ich als moderner Mensch: Es sind inzwischen etwa 30 Milliarden Menschen gestorben. Wenn Jesus nicht bald wiederkommt, werden es immer mehr Milliarden. Was für einen Unsinn sollen wir denn überhaupt noch glauben, wenn wir sagen, daß 50 Milliarden Menschen auferweckt werden? Dies alles unter der Voraussetzung gesagt, daß das, was ich mir selber als Auferweckung erhoffe, auch allen anderen zugute kommt. Hier möchte ich um Klärung bitten, selbst wenn es unangenehm ist und selbst wenn es den Glauben bedroht. Denn es geht hier schließlich auch um die Zukunft der Kirche, um die Zukunft der Kirche im dritten Jahrtausend, wie sie sich weiter orientieren soll – ob an den alten Bekenntnissen, die weitgehend dem Aberglauben zuneigen. Denken Sie nur an die Jungfrauengeburt! Wer glaubt

---

13 Vgl. Philippusevangelium, Spruch 21. Siehe Gerd Lüdemann / Martina Janßen, Bibel der Häretiker. Die gnostischen Schriften von Nag Hammadi, Stuttgart 1997, S. 153.

das denn heute noch? *(Mehrere Zwischenrufe: „Ich!")* Ich habe ein Buch darüber geschrieben, daß Maria vergewaltigt worden ist, und habe ausdrücklich dazu Stellung genommen.[14] Die Mehrheit der Christen, die Mehrheit der EKD und der Bischöfe glauben nicht mehr an die Jungfrauengeburt. Und das ist eben das Problem dabei, daß im Grunde genommen Ihre Pastoren, meine Damen und Herren, Ihnen nicht reinen Wein einschenken darüber, was gelehrt wird und was die Pastoren eigentlich wissen. Das ist die Spannung zwischen Kirchenglauben und akademischer Theologie. Und wenn diese immer größer wird, dann muß man wirklich sagen: Die Wissenschaft geht mit dem Unglauben und das Christentum mit der Barbarei. Das möchte ich mit meiner Arbeit verhindern.

Gerhard Thomas:
Herr Wischnath, war das Grab voll oder leer? Können Sie dazu ein klares Ja oder Nein sagen? Vielleicht sagen Sie auch ein paar Sätze zu den Konsequenzen aus der Auferstehung und der Wiederkunft Christi und beziehen sich dabei auf die Fragen von Herrn Lüdemann.

Rolf Wischnath:
Es sind sehr viele Fragen, die Herr Lüdemann hier gestellt und angerissen hat. Ich will mich jetzt nicht verzetteln und mich darum zunächst auf die Frage nach dem leeren Grab beziehen. Weder Herr Lüdemann noch ich haben eine Photographie des leeren Grabes. Und selbst damit wäre noch nicht das Entscheidende bewiesen. Festzuhalten aber ist zunächst: Über das Faktum des leeren Grabes können weder er noch ich eine Feststellungsaussage machen, die jeden Zweifel aus-

---

14 Jungfrauengeburt? Die wirkliche Geschichte von Maria und ihrem Sohn Jesus, Stuttgart 1997.

räumt. Wir haben nur die Möglichkeit, die Frage nach der historischen Wahrscheinlichkeit zu stellen und in dieser oder jener Richtung eine Hypothese – das heißt eine mehr oder weniger gut begründete Vermutung – aufzustellen. Wir können dann weiter die Frage nach dem Selbstverständnis der neutestamentlichen Texte stellen und eine plausible Interpretation dieser Texte vortragen; und schließlich ist die Frage zu stellen nach dem, was wir unter unseren heutigen Denkvoraussetzungen im Glauben wagen. Und im Glauben an Jesus Christus, wie er sich in meinem Leben bislang bewährt hat, wage ich es zu sagen: Ich glaube mit dem Bekenntnis der Kirche, daß der gekreuzigte Jesus von Gott, den Israel als Befreier erfahren hat, auferweckt worden ist zum ewigen Leben. Diese Aussage ist in ihrer Sprach- und Denkform gewonnen vor dem Hintergrund des jüdischen Glaubens und seiner Sprache. Und im ganzen Zusammenhang des jüdischen Verständnisses von Tod und Auferstehung ist ein solcher Glaubenssatz von der „Auferweckung eines Toten" nicht vorstellbar und aussagbar, ohne daß zugleich vom „leeren Grab" dieses Toten gesprochen wird. Die Behauptung einer Auferstehung von den Toten im Angesicht eines „vollen Grabes" wäre für jeden Juden eine reine Tollheit gewesen.

Der jüdische Theologe Michael Wyschogorod hat jüngst in einem Brief an den Berliner Neutestamentler Peter von der Osten-Sacken geschrieben: „Der Auferstehungsgedanke ist ein zutiefst jüdischer Gedanke, mit dessen Hilfe die Ansicht zurückgewiesen wird, die geistige und körperlose Weiterexistenz der Seele sei der eigentliche Sieg über den Tod, den Gott für die leidende Menschheit bereithält. In der verheißenen leiblichen Auferstehung konzentriert sich Gottes Heilshandeln an dieser Welt, die laut der Genesis von Gott geschaffen und für gut befunden wurde. Die Auferstehung stellt insofern die schärfste Zurückweisung des Gnostizismus und seiner

Lehre von der Vorrangigkeit des Geistes gegenüber der Materie dar."[15]

Von daher halte ich es für unmöglich, daß die Botschaft von der Auferweckung des Gekreuzigten in ihrem jüdischen Umfeld laut geworden ist, ohne daß nicht auch das Grab des Gekreuzigten leer gewesen wäre. Wenn Herr Lüdemann mich unbedingt auf einer Kurzformel festnageln will, kann und will ich nicht umhin, es so zu sagen: Das Grab war leer. Und die Leiche des Gekreuzigten war nicht mehr in ihm.

Und daß solche Sätze nicht Ausdruck eines abenteuerlichen Obskurantismus sind, läßt sich nun auch mit guten Gründen für die historische Wahrscheinlichkeit des leeren Grabes zeigen. Es läßt sich nicht mit historischen Mitteln beweisen, daß Jesus auferstanden ist. Denn das Grab könnte ja auch durch einen Leichenraub leergeräumt worden sein. Aber die Wahrscheinlichkeit, daß es ein leeres Grab gegeben hat, läßt sich historisch plausibel aufweisen. Ich nenne (im Anschluß an die Arbeit der Heidelberger Neutestamentler Gerd Theißen und Annette Merz)[16] sieben gute historische Gründe:

1. Der Satz „Jesus ist von den Toten auferstanden" konnte in Jerusalem nicht laut werden, wenn in einem ungeöffneten Grab der Leichnam Jesu zu finden gewesen wäre. Der Erfolg der Osterbotschaft in Jerusalem wäre ohne ein leeres Grab undenkbar und darum unmöglich gewesen.

2. Paulus spricht in 1. Korinther 15,4 – da (und nicht nur da) ist die Exegese von Gerd Lüdemann nachdrücklich zu bestreiten – verläßlich vom Begräbnis Jesu. Die Aussage „er ist begraben worden" ist nicht lediglich eine Unterstreichung der Wirklichkeit seines Todes. Nach der Logik des Auferstehungs-

---

15　Evangelische Theologie 3/97, S. 205.
16　Gerd Theissen / Annette Merz, Der historische Jesus – Ein Lehrbuch, Göttingen 1996, S. 432ff.

glaubens des Paulus, der sich auf einen verklärten und verwandelten Leib richtete, mußte er ein leeres Grab voraussetzen, auch wenn er das nicht explizit sagt. An dieser Stelle ist darauf hinzuweisen, daß durchaus nicht – wie Herr Lüdemann es darstellt – die große Zahl der neutestamentlichen Wissenschaftler dies bestreitet. Das ist bestenfalls eine Behauptung, die im Blick auf die deutschsprachige Theologenzunft zutreffen mag. Schon im angloamerikanischen Bereich sieht das anders aus. Erst recht im Blick auf die Theologen in der „Dritten Welt".

Gewiß ist es eine ernstzunehmende Frage, die in der internationalen neutestamentlichen Wissenschaft breit diskutiert wurde und wird, ob Paulus die Tradition des leeren Grabes gekannt hat oder nicht. Nach der Überzeugung eines beträchtlichen Teils neutestamentlicher Wissenschaftler hat er sie gekannt, weil allgemein gilt: Der jüdische Glaube an eine leibliche Auferstehung führt, im Unterschied zum griechisch-hellenistischen Glauben an eine Unsterblichkeit der Seele, mit innerer Notwendigkeit zur Annahme eines leeren Grabes.

3. Der Vorwurf, die Jünger hätten die Leiche Jesu unauffindbar weggeschafft, setzt die Existenz eines leeren Grabes voraus. Nicht das Faktum, sondern die Deutung dieses Faktums ist zwischen den Anhängern und den Gegnern des Auferstehungsglaubens umstritten.

4. Der gut bezeugte jüdische Brauch, Märtyrer- und Heiligengräber zu verehren – darauf hat der auch von Lüdemann gern zitierte Joachim Jeremias hingewiesen –, hätte dazu führen müssen, daß auch um das Grab Jesu ein Heiligenkult hätte entstehen müssen, falls man von seinem Grab wußte. Daß sich solch ein Brauch erst gar nicht entwickelte, kann nur sinnvollerweise damit erklärt werden, daß das Grab leer und der zu verehrende Heilige eben nicht mehr darin gewesen ist.

5. Die Grablegung durch Joseph von Arimathia ist im Markusevangelium gut bezeugt. Im Nordosten des heutigen

Jerusalems sind vor nicht langer Zeit die Überreste eines Gekreuzigten gefunden worden. Dieser Fund zeigt, daß es durchaus denkbar war, daß die Leiche eines Hingerichteten an seine Angehörigen oder andere Nahestehenden ausgeliefert und von ihnen bestattet wurde. Wenn aber das Grab Jesu bekannt war, dann wäre die Osterbotschaft in Jerusalem widerlegbar gewesen, eben weil das Grab nicht leer gewesen ist.

6. Die Überlieferung vom leeren Grab ist in der Tat, wie Lüdemann dargestellt hat, bei verschiedenen Evangelisten so widersprüchlich überliefert, daß auch der Historiker sagen kann, es seien unabhängige Traditionen, die sich darin spiegeln. Gerade die unausgeglichenen Widersprüche bestätigen sich gegenseitig. Ein Betrugsmanöver hätte zur Bedingung der Möglichkeit gehabt, daß die „Zeugen" sich nicht widersprechen.

7. Und schließlich das letzte Argument, auf das der Neutestamentler Peter Stuhlmacher aus Tübingen nachdrücklich hingewiesen hat, auch in der Auseinandersetzung mit Gerd Lüdemann: Es gibt einen erstaunlichen archäologischen Befund des in der Grabeskirche in Jerusalem vorhandenen Grabes. Dieses Grab lag ursprünglich außerhalb der Stadtmauern. Und dies stimmt in einer überzufälligen Weise mit dem literarischen Befund überein. Stuhlmacher hat in einem Aufsatz gerade auf die Beweiskraft und Faszination dieser archäologischen Entdeckung hingewiesen.[17]

Ich habe Ihnen nun im Anschluß an die Arbeit von Theißen und Merz sieben Gründe in der Kürze der Möglichkeit vorgetragen. Ich weise noch einmal darauf hin: Nichts von dem ist ein Beweis. Für alles, was hier vorgetragen wurde, gibt es

---

17 Die Auferweckung Jesu und die Auferweckung der Toten, Pastoraltheologie 84, S. 72–88.

Kontraargumente, die auch bei Theißen und Merz aufgeführt sind. Es gibt also in dieser Sache keine sich gegenseitig mit letzter Klarheit überführende Beweisfähigkeit. Aber wie beachtlich – auch und gerade unter streng historisch-kritischen Aspekten – das Zeugnis vom leeren Grab ist, läßt sich überzeugend darlegen. Und diejenigen, die das tun, sind keine wissenschaftlichen Hinterwäldler, wie man ja meinen muß, wenn man Gerd Lüdemann mit seinen „modernen" Auffassungen anhört. Darf ich Sie fragen, Herr Lüdemann: Wie gehen Sie mit Kollegen um, wenn Sie sie als Heuchler herabsetzen und derartig angehen?

Wichtig ist mir aber auch und gerade unter theologischen Gesichtspunkten das Ergebnis des historisch-kritischen Meinungsstreits, wie es exemplarisch nach einem gründlichen Pro und Kontra von Theißen und Merz zusammengefaßt wird:

„Mit historisch-kritischen Methoden läßt sich das leere Grab weder beweisen noch widerlegen ... Wollte man die hier entfalteten Überlegungen in das Spektrum verschiedener Meinungen einordnen, so ergibt sich aus ihnen ein kleines Plus für die Möglichkeit, daß die Überlieferung vom leeren Grab einen historischen Kern hat. Aber es ist nur ein kleines Plus: Auch wenn die Christen in Jerusalem in den vierziger oder fünfziger Jahren ein leeres Grab vorweisen konnten, so ist dies kein Beweis für die Auferstehung. In jedem Fall zeigt dieser Befund: Die Geschichte vom leeren Grab kann *nur* von dem (auf Erscheinungen basierenden) Osterglauben her erhellt werden, nicht umgekehrt der Osterglaube vom leeren Grab her."[18] Dieser Meinung schließe ich mich einschränkungslos an.

Widerlegen kann auch Herr Lüdemann das leere Grab nicht. Er kann das so wenig, wie ich es mit letzter Überzeugungskraft nicht vermag, einen schlagenden Beweis aufzustellen. Und

---

18 Theißen / Merz, a. a. O., S. 438f.

dieses „Unentschieden" hat einen theologisch wichtigen Sinn. Denn es bewahrt uns vor der Verführung, mit dem Hinweis auf das leere Grab sei der Glaube an den Auferstandenen nun doch wieder dingfest zu machen. Das geht nicht. Und es soll auch nicht gehen. Wir sollen unseren Glauben auf nichts anderem gründen als auf der Begegnung mit dem Auferstandenen selber. Das ist Glaube, der sich ganz und gar dem verdankt, an den er glaubt: dem Auferstandenen in der Kraft seines uns belebenden Geistes. Zu fragen ist, Herr Lüdemann, was ist für Sie eigentlich Glaube? Was ist Glaube für Sie über das Maß dessen hinaus, was Sie historisch feststellen können? Was bedeutet für Sie der Glaube an den Gott Israels? Warum übergehen Sie – und das hat Ihnen der ehemalige Lübecker Bischof Ulrich Wilkens mit Schärfe vorgehalten[19] – die gesamte Überlieferungsgeschichte der Auferstehungserwartung im Zusammenhang des jüdischen Gottesverständnisses und -glaubens? Kann sich ein deutscher Theologieprofessor eine solche Ausblendung der jüdischen Theologie leisten nach dem, was in diesem Jahrhundert geschehen ist? Wir sind in besonderer Weise in unserer Kirche in den letzten Jahren gerade auf den Zusammenhang der jüdischen Tradition als der Voraussetzung zur Wahrnehmung unseres Glaubens hingewiesen worden. Wir versuchen, dies mühsam zu lernen. Wir haben eine fürchterliche Schuldgeschichte in der Mißachtung jüdischer Tradition und Theologie. Sollte uns das nicht nötigen, daß wir auch im historisch-kritischen Bereich uns nun gerade den jüdisch-theologischen Voraussetzungen des Auferstehungsglaubens widmen und besonders deren Einwände gegen den christlichen Glauben an die Auferweckung Jesu Christi aufnehmen?

---

19 Ulrich Wilckens, Hoffnung gegen den Tod – Die Wirklichkeit der Auferstehung Jesu, Neuhausen 1996.

Gerhard Thomas:
Herr Lüdemann, Sie haben in Ihrem Einleitungsstatement
eigentlich nur im Schlußsatz eine wirkliche Position gesagt,
die mich persönlich ganz besonders interessiert, weil sie vielleicht die praktischen Konsequenzen für den Vollzug des
christlichen Glaubens enthält. Sie haben gesagt: „Christsein
kann sich in Zukunft nur noch gründen auf den wirklichen
Jesus." Das ist für mich ein sehr theoretischer Satz. Was meinen Sie damit, was heißt das konkret für das Christsein heute?

Gerd Lüdemann:
Ich würde zunächst einmal sagen, daß das Wort „christlich"
inflationär ist. Unter „Christentum" und „christlich" verstehen so viele Leute Verschiedenes, so daß es auf das Wort
eigentlich gar nicht ankommt. In bezug auf Jesus heißt das
zunächst einmal, herauszubekommen, was er wirklich gesagt
hat. Und das sind nach meiner Analyse etwa 15 Prozent von
dem, was im Neuen Testament vorliegt. Alles andere ist Interpretation beziehungsweise Verfälschung. Da Herr Wischnath
die jüdische Seite des Ganzen angesprochen hat, möchte ich
hier einmal herausheben, daß in allen vier Evangelien ein unerträglicher Antijudaismus Jesus zugeschrieben ist. Er spricht
im Johannesevangelium (8, 44) vom Teufel als dem Vater der
Juden, wörtlich. Ich möchte in meinem Beitrag dieses unheilvolle Erbe aufarbeiten. Jesus spricht von den Pharisäern in
unerträglicher antijüdischer Weise, und er hat es nie gesagt.
Also: Zunächst einmal möchte ich, bevor ich verstehe, her-
ausbekommen, was Jesus überhaupt gesagt hat. Das ist die
erste Aufgabe, die sich mir stellt.
Und dann geht es nicht allein darum, Jesus zu imitieren wie
ein Vorbild, sondern sich von Jesus ansprechen zu lassen, sich
mit ihm auseinanderzusetzen. Das bedeutet nicht in jedem
Fall, das zu meinen, was er sagt. Ich befinde mich hier auf

einem Weg und weiß noch nicht, wohin der führt – vielleicht auch dahin, mich vom Christentum ganz loszusagen. Ich weiß aber eins: So, wie es bisher gemacht worden ist, mit dem Auferstandenen zu sprechen, so geht es nicht. Für mich ist das reine Phraseologie. Denn die Berufung auf den Auferstandenen ist eine völlig unklare Berufung. Wer ist denn der Auferstandene?

Was meinen Glauben angeht, so bin ich kein Rationalist. So finde ich die Unterscheidung der englischen Sprache zwischen faith und belief sehr wichtig und interessant. Belief meint immer bestimmte Glaubensinhalte, wie beispielsweise, daß Jesus für meine Sünden gestorben ist, daß er der Sohn Gottes ist und so weiter. Faith hingegen meint ein Verwurzeltsein in etwas. Stehen können. Sich auf etwas verlassen können, ohne daß es mit bestimmten dogmatischen Inhalten verbunden ist. Faith heißt stehen können auf dieser Erde. Aufrecht gehen können. Sich darauf verlassen können und sich freuen können. Hier spielt die Frage nach Gott hinein. Der Gott Israels, wie wir ihn im Alten Testament finden, hat ja durchaus verschiedene Züge. Ich finde, die Berufung auf den Gott Israels ist sehr irreführend. Keiner will sich doch auf einen Gott berufen, der den Israeliten den Befehl gibt, alle Kinder der Feinde umzubringen. Das gibt es doch auch. So daß auch hier eine Nachfrage nötig erscheint, wer denn Gott ist. Und was empfinde ich als Gott? Ist Gott beispielsweise eine Person? Ich möchte das hier nur andeuten.

Es würde uns vielleicht helfen, einmal die Frage zu stellen: Beten wir zu Jesus? Beten wir zu dem Auferstandenen? Ich bete nicht zu dem Auferstandenen. Ich erinnere mich der Worte Jesu. Ich denke an seine Worte. Denn wo soll der Auferstandene denn sein? Und auch die Diskussion um das leere Grab, die Herr Wischnath vorgeführt hat, veranlaßt mich zu fragen: Wenn Jesus wirklich wiederbelebt worden ist und aus dem Grab kam als Verwandelter, wohin ist er dann gegangen von der Erde? Er war ja auf der Erde. Die Himmelfahrt gibt doch nur Sinn, wenn wir sagen und denken, daß droben der Himmel ist. Das schafft erst die Probleme. Hier versuche ich, Antworten zu bekommen, wie das vorzustellen ist, wenn dies überhaupt so gewesen sein soll. Und ich möchte jetzt ganz am Schluß auch die biologische Frage stellen. Wie sollen wir uns denn vorstellen, daß ein Leichnam, der bereits drei Tage da lag und schon zu verwesen begann, mit einem Schlage wieder lebendig gemacht worden ist? Können wir mit unseren heutigen Kenntnissen es uns leisten zu sagen: Für Gott sind alle Dinge möglich? Hier geraten wir doch in den Bereich des Hokuspokus. Ich möchte verstehen, was ich glaube. Und ich finde, ich verstehe, was ich glaube, wenn ich auf die Worte Jesu höre und mich mit denen auseinandersetze und nicht mit dem Auferstandenen arbeite.

Nun noch ein Wort zu dem Aufsatz von Stuhlmacher. Wenn man in Jerusalem ist, wird man zur Grabeskirche und zum Grab in ihrem Inneren geführt. Es geht hier aber vor allem darum, ob es denkbar ist, daß die Tradition eines leeren Grabes Jesu sich dreihundert Jahre hat halten können, denn zwischen dem Jahre 30 und der Wiederentdeckung des Grabes im 4. Jahrhundert gibt es keinerlei Zeugnisse. Ich bin dem allem nachgegangen, was der Kollege Stuhlmacher gesagt hat, und zu einem anderen Urteil gekommen.[20]

---

20 Der Kirchenvater Eusebius von Cäserea (gest. etwa 340 n.Chr.) berichtet in seinem „Leben Konstantins", wie gegen jede Erwartung unter einem Tempel der Venus das Grab Christi „wiederentdeckt" worden sei, und fügt hinzu: „Diese heilbringende Höhle hatten einige Gottlose und Verworfene bei den Menschen gänzlich in Vergessenheit bringen wollen, von dem Wahne geleitet, dadurch wohl die Wahrheit verbergen zu können." Daraus geht klar hervor, daß ein Wissen um die Lokalisierung des Grabes im 4. Jahrhundert gar nicht mehr vorhanden war. Dies ist

Natürlich bin ich nicht dabei gewesen. Das ist auch überhaupt kein Argument. Wenn Menschen über andere Geschichte schreiben, sind sie doch meistens nicht dabei gewesen. Das ist kein Argument, zu sagen: Ich war nicht dabei. Es geht schlicht und einfach um ein Wahrscheinlichkeitsurteil. Aber dieses Wahrscheinlichkeitsurteil beansprucht dann Gültigkeit und wird beispielsweise in unsere Schulbücher übernommen.

Rolf Wischnath:
Lieber Herr Lüdemann, ich danke Ihnen, daß Sie zum Schluß Ihres Statements die Relativierung der eigenen Einsichten wenigstens angedeutet haben. Ja, auch Ihre Erkenntnisse sind nicht mehr als „Wahrscheinlichkeitsurteile". Das klingt jedoch in den Texten, insbesondere in denen, die Sie in allgemeinen

---

nicht erstaunlich, wenn man die Zeugnisse aus der Zeit zwischen dem Leben Jesu und der Hinwendung Konstantins (306–337 n.Chr.) zum Christentum betrachtet: Erstens: Die älteste Quelle zum Begräbnis Jesu, der erste Brief des Apostels Paulus an die Korinther, kennt weder ein leeres Grab noch überhaupt die Lokalisierung eines Grabes (1. Korinther 15,4; vgl. dazu das Eingangsstatement). Zweitens: Auch außerhalb der paulinischen Briefe finden sich vor dem Jahre 70, dem Jahr der Zerstörung Jerusalems, keine Hinweise auf das Grab. Drittens: Erst die das Markusevangelium verarbeitenden Evangelisten, Matthäus, Lukas und Johannes, konstatieren eine Kenntnis des leeren Grabes durch die Jüngerinnen und Jünger (zu Markus 16,1–8 vgl. das Eingangsstatement). Aber hier sind wir dann schon am Ende des 1. Jahrhunderts in Gemeinden, die keinerlei persönlichen Kontakt mehr zu Mitgliedern der Jerusalemer Kirche haben konnten. Viertens: Für die Zeit bis zur Mitte des 2. Jahrhunderts gibt es keinerlei Anzeichen für eine Verehrung des Grabes oder eine Wallfahrt nach Jerusalem. Fünftens: Aus der Bemerkung des Bischofs Meliton von Sardes, der in der zweiten Hälfte des 2. Jahrhunderts Palästina bereiste, daß Jesus inmitten von Jerusalem gekreuzigt worden sei, läßt sich nicht schließen, ihm sei auch das Grab gezeigt worden. Denn die Aussage ist allein rhetorisch bedingt: Melito will in seinem antisemitischen Haß zeigen, daß die Juden sich nicht einmal gescheut hätten, Jesus inmitten von Jerusalem umzubringen.

Zeitungen schreiben, anders. Da wird den Leuten im Gestus höchster wissenschaftlicher Kompetenz und Gewißheit mitgeteilt: Die Auferstehung hat niemals stattgefunden, das Grab war voll, Jesus ist verwest, die Pfarrer und vor allen die Bischöfe sagen die Unwahrheit, obwohl sie es besser wissen; der Glaube der Kirche, wie er im Bekenntnis festgehalten ist, ist Unsinn und Heuchelei. Ich halte diese vorgebliche wissenschaftliche Gewißheit, mit der Sie den Leuten gegenübertreten, für anmaßend und unwissenschaftlich. Historisch-kritische Erkenntnisse in der neutestamentlichen Wissenschaft können nicht sagen: So war das – punktum, sondern allenfalls: So könnte es gewesen sein; auf Grund der Quellen, die uns zur Verfügung stehen, und unserer Vermutungen und Erkenntnismöglichkeiten kommen wir zu folgenden Hypothesen – eben zu Wahrscheinlichkeitsurteilen.

Aber auch diese Wahrscheinlichkeitsurteile sind von dogmatischen Vorentscheidungen abhängig. Der Unterschied zwischen uns besteht nicht darin, daß Sie unbefangen, undogmatisch Theologie treiben und ich in dogmatischen und unmodernen Fesseln gefangen bin. Es gibt doch gar keine Theologie oder Philosophie, auch keine Exegese ohne dogmatische Vorentscheidungen. Sie etwa behandeln als gleichwertige Quellen für die Erkenntnis Jesu Christi nicht nur die kanonischen Texte, wie sie sich in der kirchlichen Tradition als für den Glauben verbindliche Erkenntnistexte herausgebildet haben, sondern auch die apokryphen Evangelien – also späte Texte, die nicht ins Neue Testament aufgenommen worden sind. Für Sie sind relevant nicht nur christliche, sondern auch nichtchristliche Texte, sofern sie Jesus nur erwähnen. Auch das ist Ausdruck einer dogmatischen Vorentscheidung, in deren Folge Sie hier zum Beispiel ein gnostisches Evangelium anführen und Texte, die in der altkirchlichen Tradition ausgeschaltet worden sind – mit notwendigen und guten Gründen –, von Ihnen nun zur Begründung Ihrer Überzeugungen herangezogen werden. Damit wird belegbar, daß bestimmte Kritiker Ihnen mit Recht vorhalten, Ihre Position sei eigentlich kaum mehr als eine Wiederbelebung alter gnostischer Irrlehren. Also, so modern ist das, was Sie verkündigen, durchaus nicht.

Ich will mich noch beziehen auf die Frage nach dem historischen Jesus. Die ganze Fragerei nach dem historischen Jesus ist theologisch geurteilt äußerst problematisch. Es gibt ja inzwischen Tausende historische Jesusse, die eigenartigerweise immerzu denen ähneln, die sie gerade entdeckt und sich zusammengepuzzelt haben. Wie kommt das? Nun, das kommt daher, daß die Fragesteller mit ihren historisch-kritischen Erkenntnisinstrumenten heimlich oder offen von der sehr dogmatischen Festlegung ausgehen, es gäbe gegenüber den Texten des Neuen Testaments einen Standpunkt über den Standpunkten. Es wird dabei ständig der Versuch unternommen, etwas über einen abstrakten Jesus herauszubekommen, und zwar abstrahierend vom Osterzeugnis: so als ob es das Zeugnis von der Auferweckung des Gekreuzigten nicht gäbe. Die Verfasser der Evangelien aber haben keinen Satz über Jesus geschrieben, der nicht in der Perspektive des Glaubens an den Auferstandenen gedacht und gesagt worden wäre. Die Frage nach dem historischen Jesus ist eine Frage konsequent an den Überzeugungen der Evangelisten vorbei. Und die Folgen davon sind entsprechend:

Aus den neutestamentlichen Texten werden Trümmer und Wortfetzen destilliert, die man mit dem heutigen Instrumentarium eigener Weltanschauungen wieder in einen Zusammenhang bringt. Die Ergebnisse sind oft so willkürlich und die Geschichte der Erfindung beziehungsweise Rekonstruktion des historischen Jesus so widersprüchlich, daß wir im ganzen Panorama der neutestamentlichen Wissenschaft in der Gegenwart – besonders aber an den deutschen Universitäten – eine Situation haben, in der zu jeder ernsthaften These, die etwa durch eine Promotion oder Habilitation belegt worden ist, mit demselben Ernst die Gegenthese gefunden und nachgewiesen werden kann. Ihre Wissenschaft, Herr Lüdemann, deren Ergebnisse Sie hier mit Anspruch auf Allgemeingültigkeit vortragen, ist durch ihren historisch-kritischen Methodenmonismus derzeit zum Tummelplatz jedweder Beliebigkeit herabgesunken. Und wenn Sie nun von den in den Evangelien überlieferten Jesusworten 15 Prozent echte, wirkliche Jesusworte ausmachen und so tun, als hätten Sie die gleichsam auf dem Tonband gesammelt, dann muß man der Gemeinde klar sagen, daß Sie damit zu den Minimalisten Ihrer Zunft gehören. Andere Exegeten – etwa einige der Tübinger oder auch Ihr Heidelberger Kollege Klaus Berger – sind ja durchweg zuversichtlicher im Blick auf den sogenannten „echten" Bestand der Jesusworte im Neuen Testament. Aber ich zweifele daran, daß man sich überhaupt legitimerweise auf dieses Ratespiel einlassen darf. Denn wichtig ist das, was Jesus gesagt hat, nur, wenn er auferstanden ist und heute lebt und Gott selber in ihm war und ist. Zugespitzt gesagt: Das irdische, vorösterliche Leben des Auferstandenen interessiert mich nur, wenn es ein erhöhtes, nachösterliches Leben des Gekreuzigten gibt. Weil die Evangelisten davon überzeugt waren und weil sie das bezeugen wollten, haben sie ihre Evangelien aufgeschrieben. Aber diese Voraussetzung wollen und können Sie, Herr Lüdemann, nicht akzeptieren. Und das ist der springende Punkt eines sehr unterschiedlichen Textverständnisses zwischen uns.

 Aber nun haben wir noch als neueste Version der kritischen Erkenntnisse die Lehre vom durchgängigen Antijudaismus des Neuen Testaments. Und wer wollte nicht einräumen, daß manche frühchristlichen Überlieferungen über Jesus zum

Antijudaismus in NT 2

Ist der Gekreuzigte verwest? Oder war das Grab leer?   87

Zeitpunkt der Niederschrift der Evangelisten etwa 70 nach Christus und angesichts des Auseinanderlebens von Christen und Juden seit dem jüdisch-römischen Krieg durch antijudaistische Untertöne überdeckt worden sind? Aber daß Jesus selber Jude war und daß er gekreuzigt wurde und daß seine Jünger und die ersten Christen Juden waren – das zu behaupten und davon auszugehen ist wohl nicht auch noch Ausdruck von Antijudaismus. Wenn allerdings der Satz, daß das Heil allein im gekreuzigten und auferstandenen Christus liegt, „antijudaistisch" ist, wenn die Behauptung des Juden Paulus, daß Christus für alle gestorben ist – auch für Israel –, wenn also das, was zum Elementarbestand des Evangeliums gehört, heute von deutschen Theologen als „antijudaistisch" entdeckt und gebrandmarkt wird, dann gerät alles durcheinander. Hier müssen doch mal die Begriffe geklärt werden. Was heißt denn „Antijudaismus"? Was ist im Unterschied dazu „Antisemitismus" und Judenhaß und Judenmord? Es kann nicht fraglich sein, daß Antisemitismus und Judenhaß zutiefst verwerflich und Sünde vor Gott sind. Es kann nicht bestritten werden, daß Kirchen und Christen in dieser Sache unermeßliche Schuld auf sich geladen und durch ihr Verhalten den Juden gegenüber Jesus Christus selbst verleugnet haben. Aber es ist meines Erachtens unglaublich, wenn ausgerechnet deutsche Theologen heute erklären, „Auschwitz" ergäbe sich gleichsam zwangsläufig aus der Christologie des Neuen Testaments und den altkirchlichen Entscheidungen. Die frühen Auseinandersetzungen zwischen Juden und Christen sind doch zunächst einmal solche, die unter Juden selber stattgefunden haben. Was soll da antijüdisch dran sein? Nicht zu bestreiten ist der spätere antijüdische Mißbrauch des Neuen Testaments. Da haben gerade wir deutschen Theologen eine unheilvolle Geschichte aufzuarbeiten. Aber nun herzugehen – auch gerade aufgrund unserer Erfahrungen –, das ganze Neue Testament

als „antijudaistisch" zu deklarieren und der Christenheit und
ihrer altkirchlichen Tradition insgesamt die fürchterlichen
Folgen des Judenhasses und schließlich auch die deutschen
Verbrechen an den Juden zuzuschreiben, das halte ich für
maßlos.

Und noch zu einem anderen Punkt Ihrer Vorhaltungen: Sie
sagen, die leitenden Pfarrer der evangelischen Kirche –
heißen Sie nun Bischöfe, Präsides oder Landessuperintenden-
ten – verschwiegen den Gemeinden die Erkenntnisse der
historisch-kritischen Forschung und hielten die jungen Pfarrer
dazu an, gegen ihre Überzeugungen die Gemeinden orthodox
zu verdummen. Ich bitte Sie! Wer soll das glauben außer
denen, die nichts von der Kirche verstehen oder ihre Vorurtei-
le pflegen? Was geschieht denn in unseren Bibelstunden? Was
geschieht in unseren Predigten etwa über Wundergeschichten
oder über die Schöpfungsberichte? Sie sollten öfters – jedenfalls in unserem Bereich – in die Kirchen gehen. Für die evangelische Kirche in Brandenburg und die Pfarrer hier nehme
ich in Anspruch, daß sie die Gemeinden nicht wie unmündige
Kinder behandeln, denen die „volle Wahrheit" nicht zuzumu-
ten ist. Ich frage mich allerdings, was junge Theologen über
den Umgang mit den neutestamentlichen Texten etwa bei
Ihnen lernen und wie denen das Gelernte später bei ihrer Pre-
digtarbeit hilft. Daß es ihnen hilft, dazu brauchen sie eigentlich Professoren, die klarer sagen, was sie glauben und wie
man mit diesem Glauben im Pfarramt bestehen und predigen
kann. Studenten müßten also auch von Ihnen, Herr Lüdemann, mehr erfahren als das, was sie nicht mehr glauben können. Ein so zerfetztes Zeugnis, wie Sie es uns vorlegen, das
hilft den Predigern und ihren Gemeinden kaum weiter. Wie
soll man mit Ihren 15 Prozent echten Jesusworten Zuversicht
fürs Leben gewinnen und die Sprache der Hoffnung lernen
können? Was Sie hier vortragen, reicht nicht aus für den ein-

zigen Trost im Leben und im Sterben. Mit dieser Ration könnte ich nicht Pfarrer und Christ sein. Ich wollte es auch nicht.

Gerd Lüdemann:
Die Hälfte der Differenzpunkte oder 50 Prozent der Kontroverse zwischen uns sind in verschiedenen Ausgangspunkten begründet. Die möchte ich Ihnen lieber nennen als mich zu streiten.

Da ist einmal die Bestimmung der Funktion der Theologie. Herr Wischnath ist der Meinung, daß Theologie kirchlich zu sein hat – Pfarrer ausbilden. Und ich sage, Theologie muß erst mal nach der Wahrheit suchen. Eine Wissenschaft vom christlichen Glauben ist genausowenig christlich, wie die Wissenschaft vom Verbrechen verbrecherisch ist. Das ist der verschiedene Ausgangspunkt, und da kann man verschiedener Meinung sein. Daher kann man ihn auch nicht weiter austragen. Auf der einen Seite steht die Theologie als kirchlich gebundene Wissenschaft, auf der anderen Seite die Theologie als freie Wissenschaft, die nicht an die Kirche gebunden ist, sondern nur an die Wahrhaftigkeit.

Dann die Stellung zu den Irrlehren: Herr Wischnath nannte mich einen, der die Gnosis wiederbelebt. Und das ist richtig. Ich halte nämlich die bisherigen Entscheidungen der Kirche über Ketzer für falsch und für revisionsbedürftig. Die Ketzer, die im zweiten Jahrhundert ausgeschieden worden sind, sind zum großen Teil viel interessanter als die kirchlichen Dokumente. Und ich versuche diese Tradition der Ketzer, der Gnostiker, neu zu beleben. Denn sie scheinen mir in der heutigen Zeit neue Antworten zu geben. Ich möchte Ihnen dabei gleich sagen, daß die Kirche hier gründliche Arbeit geleistet hat und hemmungslos durch den Arm des Staates die ketzerischen Dokumente ausgerottet hat. In diese Tradition möchte ich mich nicht stellen, sondern bin froh über jede neue Quelle, die erscheint und die zum Teil dann auch neue Jesuslogien enthält und uns über Jesus Neues offenbart. Das nur zur Ausgangsbasis. Ich finde die Art und Weise, wie in den letzten zwei Jahrtausenden über Ketzer entschieden wurde, abenteuerlich. Wir leben heute in einer Zeit, in der es Ketzer eigentlich gar nicht mehr gibt, sondern nur noch Leute, die die Wahrheit suchen und sich nicht gegenseitig verketzern.

Was das Verschweigen wissenschaftlicher Ergebnisse in den Gemeinden angeht, da bin ich mir nicht so klar. Hier sagte eine Dame zum Beispiel, daß sie die Jungfrauengeburt für historisch hält, für zuverlässig. Ich möchte Herrn Wischnath auch einmal bitten, dazu Stellung zu nehmen, denn die Mehrheit aller Pastoren weiß, daß die Jungfrauengeburt nicht stattgefunden hat. *(Zwischenruf: „Das steht nicht zum Thema!")* Nein, es geht darum, ob die Ergebnisse wissenschaftlicher Kritik den Gemeinden vorenthalten worden sind. Herr Wischnath sagt nein, meine Erfahrungen sind anders. Denn wie würden Sie überhaupt die Reaktion auf meine Bücher erklären, wenn nicht einige Dinge hier nicht mitgeteilt worden sind?

Und schließlich ist es natürlich so, daß es in der Forschung sehr gegensätzliche Meinungen gibt. Herr Wischnath sagte mit Recht, man hat den Eindruck, wenn man Bücher liest, es handelt sich um Beliebigkeit. Auf eine These folgt die andere. Aber, ich möchte mich stark machen für den breiten Konsens. Es gibt bestimmte Annahmen, die immer zutreffen werden. Zum Beispiel daß Jesus niemals gesagt hat: „Ich bin der Weg, die Wahrheit und das Leben. Niemand kommt zum Vater denn durch mich" (Johannes 14, 6). Das wird Herr Wischnath auch zugeben, daß das eine spätere Gemeinde gesagt hat. Und alle sind wir uns einig, daß die Juden unter dem Kreuz nicht geschrien haben: „Sein Blut komme über uns und unsere Kinder" (Matthäus 27, 25). Ich würde sagen, es gibt doch einen erstaunlich weiten Konsens, der uns hoffen läßt, daß wir nicht von einer Beliebigkeit sprechen, sondern hier weiterkommen.

Zerfetztes Zeugnis. Ja, meine Damen und Herren, aber ich habe die Bibel doch nicht geschrieben. Sie können mich doch nicht verantwortlich machen dafür, daß die Bibel so ist, wie sie ist. Man muß hier nur sagen, wie es wirklich ist, und dem stelle ich mich. Wenn das Zeugnis zerfetzt ist, dann muß man es als solches darstellen.

Gerhard Thomas:
Es gibt jetzt eine Menge Fragen aus dem Publikum, die von den Anwältinnen des Publikums gesammelt wurden.

Frage:
Die erste Frage aus dem Publikum ist an Herrn Lüdemann gerichtet. Wenn Jesus nicht auferstanden ist, was macht dann das Besondere an seiner Person aus?

Gerd Lüdemann:
Das Besondere an der Person Jesu macht aus, daß seine Botschaft mich anspricht und mir fast Wärme verleiht und mir Zuversicht gibt, weiter so zu leben, wie ich es bisher getan habe. Das Besondere an der Person Jesu macht auch aus, gewisse ethische Normen zu übernehmen. Da muß man sich zunächst darauf einlassen, zur Kenntnis nehmen, was er wirklich gesagt hat. Das Gebot der Feindesliebe etwa. Seine Schlauheit und seine List. Das kann man schlecht beantworten, aber die Botschaft Jesu oder das, was er wirklich gesagt hat, enthalten eine Menge Sprengstoff und eröffnen eine Perspektive, die sich für mich auch im Kreuz findet, wo Jesus für seine Überzeugung gestorben ist. Oder auch, wenn Sie noch etwas dazu wissen wollen, Jesus zeichnet sich durch eine Inklusivität aus. Er grenzt sich nicht ab, er öffnet. Das gilt für

Frauen, für Ausgestoßene, für alle Leute, die nichts mehr zu hoffen haben. Ich finde Jesus hier als Person für Christen, Atheisten, alle. Er gehört allen Menschen und bietet mit diesem Zeugnis eine Perspektive, die zwar keine Auferstehung verspricht – natürlich nicht –, aber Sinn in diesem Leben. Und das ist doch schon eine ganze Menge.

Frage:
Ein ganzer Themenkreis von Fragen, die sich mit Ihrem Glauben beschäftigen, Herr Lüdemann, wie Sie selber glauben. Die erste Frage lautet: Glauben Sie an den Gott der Bibel? Wenn ja, worauf gründet sich Ihr Glaube? Die zweite Frage lautet: Wie können Sie an Gott glauben, da Sie ihn nicht wissenschaftlich beweisen können? Und die dritte Frage gehört wohl auch zu diesem Fragenkomplex: Wie würde nach den Ergebnissen, zu denen Sie gekommen sind, konsequenterweise ein reformiertes Glaubensbekenntnis lauten, in seinen Kernaussagen? Und als letzte Frage zu diesem Bereich: Glauben Sie an einen toten Gott? Und glauben Sie auch nicht an Ihre Auferstehung?

Gerd Lüdemann:
Ich beginne mit der letzten Frage. Ich stelle mir meinen Tod so vor, daß es ist, als wenn ein Tropfen in einen großen Ozean hineingeht. Ein Tropfen, der in das Ganze geht, in den ganzen großen Zusammenhang, den ich mit Gott bezeichnen würde. Das ist das Unbedingte, das uns umgreift und uns Leben gibt, was uns alle zusammenhält. So etwa stelle ich mir das vor. Ich glaube nicht an einen persönlichen Gott in dem Sinne, daß er zu mir spricht. Wie soll man sich das denn vorstellen? Soll man sich Gott als Person vorstellen? Der Gott der Bibel hat sehr viele verschiedene Gesichter. Er erstreckt sich über eine Geschichte von mehr als tausend Jahren. Mit anderen Worten:

Wir haben hier unendlich verschiedene Glaubensbilder, Gottesbilder vor uns. Darüber müssen wir uns einig sein. Es sind verschiedene, menschliche Glaubensbilder. Gott als pure Person begegnet dort nie. Ich habe auch so ein persönliches Gottesbild, wenn ich im Bild denke. Dann ist es das Ganze, was uns zusammenhält, was mich erwärmt, was mir Kraft gibt, was mich erleuchtet, was aber auch für andere Menschen da ist. In dem Sinne, in dem ich das im Gott der Bibel oder in den Bildern des Gottes der Bibel sehe, glaube ich an den Gott der Bibel. Aber ich erfahre Gott auch so, daß ich hier in meinem Leben Sinn erfahre und lebe. Ich erfahre Gott in der Liebe. In dem Geschenktsein des Lebens, was ich habe. Ich empfinde Leben, daß wir leben dürfen als Geschenk, ein Gegebensein, ohne daß ich darüber spekulieren kann, und bringe das mit einem Begriff von Gott in Verbindung. Die Brücke zu Jesus schlage ich darin, daß für Jesus Gott nichts anderes ist als die Liebe – kein Haß und keine Zerstörung von anderen.

Wie entsteht Glaube? Glaube entsteht einmal so, daß wir eine Mutter haben, ein Elternhaus, das uns ein Urvertrauen schenkt und mitteilt. Insofern ist die Beziehung sehr wichtig. Glaube entsteht, ohne daß wir selbst etwas dazu tun können. Ich kann doch nicht die Entscheidung treffen, daß ich nun glauben will. Es geschieht, oder es geschieht nicht. Das kann man dann auch Kontingenz nennen. Es glaubt in mir. Ich kann stehen; es glaubt in mir, ich fühle mich bewahrt. Das ist für mich Glaube. Das ist ein ganz weiter Begriff von Glaube, der auch in der Bibel enthalten ist, der aber auch woanders enthalten ist.

Frage:
Was bringt die akademische Diskussion für das gemeine, einfache Kirchenvolk? Jahrtausende gab die Auferstehungslehre den Menschen Trost, Freiheit, Friede und Hoffnung. Akade-

mische Diskussionen gehören in die Universitäten. Eine weitere Frage knüpft daran an: Ist der Mensch das Maß aller Dinge, Herr Lüdemann? Sie können nicht beweisen, daß das Grab nicht leer war. Auch das Gegenteil kann nicht historisch bewiesen werden. Es steht Aussage gegen Aussage. Bleibt es nicht eine Glaubensentscheidung?

Gerd Lüdemann:
Wenn Jesus beerdigt worden ist, war das Grab entweder leer oder voll. Daran muß ich festhalten. Prinzipiell muß diese Frage zu entscheiden sein. Als Historiker kann ich nicht zufrieden damit sein, zu sagen: Beides bleibt eine Glaubensaussage. Nein. Wir müssen nach neuen Quellen suchen, um das zu entscheiden. Wir können es nicht in einer Beliebigkeit lassen. Es war entweder voll oder leer. Nicht beides.

Zur Frage nach der Bedeutung der akademischen Theologie für die Gemeinden: Bevor die akademische Theologie in die Gemeinden eindrang, war alles gut. Das bezweifle ich, ob alles gut war. Wir wissen doch so wenig darüber, wie es in den Gemeinden war, bevor das aufgekommen ist. Das war damals so, als die Hexen verbrannt worden sind. Damals wurde alles so gemacht, wie es die Theologie gesagt hat. Das war doch nicht gut. Da mußten doch andere die Rechnung dafür bezahlen, daß nicht frei gearbeitet wurde. Da gab es das Zeitalter der Glaubensverfolgungen. Da haben Katholiken und Protestanten aufeinander eingeschlagen, bevor es die historische Kritik gab. Ich verbinde mit der historischen Kritik die Hoffnung, daß sie in der Lage ist, zwischen den Religionen Frieden zu stiften. Frieden. Daß man einander versteht und nicht gleich mit dem Anspruch kommt, daß nur meine Religion der Weg, die Wahrheit und das Leben ist. Das ist doch auch in der Bibel, ein Ausschließlichkeitsanspruch im Alten Testament: Ich bin Gott und keiner ist außer mir, ich bin der Herr dein

Gott, du sollst keine anderen Götter haben neben mir.[21] Und im Neuen Testament steht: Es ist in keinem anderen Heil als in Jesus Christus.[22] Die Folge von diesem Ausschließlichkeitsanspruch ist, daß alle diejenigen, die das nicht annehmen, dazu gezwungen wurden. Die historische Kritik hat demnach Zukunftsperspektiven und ist allein in der Lage, Frieden zu schaffen. Und das halte ich für ein Erbe, das unbedingt zu bewahren ist und das die besten Formen von Theologie immer bewahrt haben. Denn ich wiederhole noch einmal: Vieles von dem, was ich hier sage, wird von Theologen der EKD auch vertreten, wenn sie es auch nicht so offen sagen.

Gerhard Thomas:
Ich frage mich natürlich, ob Sie es nötig haben, die Autoritäten der EKD anzurufen. Ich möchte nun aber auch Herrn Wischnath die Möglichkeit geben, auf die jetzt eben gestellten Fragen, vor allem aber auch auf die Antworten, einzugehen. Von mir eine Frage dazu: Könnten Sie selbst diese Sätze über seinen Glauben, die Herr Lüdemann sehr persönlich und anrührend gesagt hat, teilen?

Rolf Wischnath:
Nein, ich kann diese Sätze nicht teilen. Ich müßte mich selber in meinem Glauben und in der Bindung, das Evangelium nach der Schrift und den Bekenntnissen der Kirche zu verkündigen, wozu ich mich in der Ordination aus freien Stücken verpflichtet habe, verleugnen. Ich will aber sagen, daß ich Gerd Lüdemanns Überzeugung respektiere. Und es rührt mich durchaus an, daß ein wissenschaftlicher Theologe, der selber nicht in einer Ordinationsverpflichtung steht, konsequent

---

21 Vergleiche Exodus 20, 2–3.
22 Vergleiche Apostelgeschichte 4, 12.

deutlich macht, in welcher Weise er sich von den zentralen Aussagen des Neuen und Alten Testaments, von den Erkenntnissen der Kirche verabschiedet hat. Womöglich spricht Gerd Lüdemann nur aus, was einige Neutestamentler genauso denken, aber nicht in der Lüdemann eigenen Klarheit auch zum Ausdruck bringen. Lüdemann jedenfalls zeigt klar, auf welche anderen Traditionen er sich beruft. Zuzustimmen ist ihm meines Erachtens auch, wenn er die Art und Weise, in der die Kirche in den Jahrhunderten mit Leuten umgegangen ist, die sie zu Ketzern erklärt hat und die den herkömmlichen Glauben in Frage gestellt haben, verurteilt.

Ja, zu den düsteren Kapiteln der Geschichte unserer Kirche gehören die Inquisitionen und Ketzergerichte. Auch in den konfessionellen Bereichen, auf die ich mich berufe, ist das geschehen. Ich komme aus der reformierten Tradition des Protestantismus. Und da gehört es zum Schmerz und zur Schande dieser Konfession, daß etwa in Zürich unter Zwingli die Wiedertäufer nach den Maßgaben der damaligen Zeit ersäuft worden sind und daß Johannes Calvin den Antitrinitarier Michael Servet hat verbrennen lassen. Das liegt wie ein Schatten auf dieser Konfession. Und die anderen Konfessionen haben ihre Schatten. Damit müssen wir leben. Diese Schatten müssen das selbstkritische Bewußtsein in uns wachhalten, daß jede Konfession für sich allein genommen die Gefährdung zu Übersteigerungen der eigenen Position in sich trägt, die sie so lange um so schwerer zu erkennen in der Lage ist, als sie mit sich allein ist. Diese Schatten helfen auch, nicht an unsere Traditionen zu glauben, sondern an den, von dem das Neue Testament bekennt, daß er wehrlos den Widerspruch ausgehalten hat und dafür sogar ans Kreuz gegangen ist. Und dem hat Gott in der Auferweckung des Gekreuzigten Recht gegeben.

Deswegen ist die Konsequenz für mich auch nicht die Forderung, Gerd Lüdemann dürfe in dieser Kirche nicht reden.

Die Auseinandersetzung in der Kirche ist notwendig. Deswegen haben wir Sie ja heute abend eingeladen. Meine Frage, was Sie, Herr Lüdemann, überhaupt für ein Ethos haben und wie lange die Kirche, die ja einmal bei Ihrer Berufung auf einen neutestamentlichen Lehrstuhl zugestimmt hat, daß Sie Lehrer der Kirche für das Neue Testament sein können, es aushält, sich öffentlich von Ihnen diskreditieren zu lassen – diese Frage bedeutet für mich nicht, Ihre Lehrbefugnis in Frage zu stellen und Ihre Abberufung zu fordern. Ich halte es auch für problematisch, daß man Ihnen die Prüfungsbefugnis entzogen hat. Allerdings müssen Sie sich auch von Ihrer Hannoverschen Landeskirche fragen lassen, was denn die Kriterien Ihrer Prüfung sind. Was machen Sie denn mit den jungen Theologen, die im Unterschied zu Ihnen zu Sätzen des Bekenntnisses und der Erkenntnis des Neuen Testaments und des Glaubens kommen, von denen Sie sagen, das sei alles haarsträubender Unsinn? Können Sie „Unsinn" als Prüfungsleistung anerkennen? Ich meine, Herr Lüdemann, Sie müssen sich auch fragen lassen, was Sie mit der verfaßten Kirche tun, die Sie öffentlich derart in Mißkredit bringen und doch regelrecht beschimpfen. Und wie verantwortlich es ist, denen, die in der Kirche als Pfarrer oder in anderer Weise Verantwortung für die Verkündigung des Evangeliums tragen, übelste Heuchelei zu unterstellen? Werden Sie eigentlich verketzert, oder verketzern Sie selber Andersdenkende? Ist die Art und Weise, in der wir mit jungen Theologen umgehen und sie ordinieren – das gehört ja auch zu meinen Aufgaben –, ist das Ausdruck von Unwahrhaftigkeit und Heuchelei, oder fragen wir mit den jungen Theologen gemeinsam danach, wie wir den Glauben und das Bekenntnis der Kirche heute denkend verantworten können? Wahrhaftigkeit ist auch gefragt, wenn's um das notwendige Maß der Kritik an der Kirche geht. Die Theologie ist nicht die Sklavin der Kirche. Wohl wahr! Deswegen wird sie an der

öffentlichen Universität getrieben. Und da sind Sie in Forschung und Lehre frei. Das soll auch so bleiben – jedenfalls im
evangelischen Bereich. Denn die Reformation – wir feiern ja
morgen das Reformationsfest – hat das Vertrauen gehabt, daß
wir keine menschliche Instanz brauchen, die über die Wahrheit der Heiligen Schrift richtet, sondern daß die Heilige
Schrift sich selber auslegt und sich selber in ihrer Wahrheit
durchsetzt.

Allerdings haben wir das Lehramt damit nicht aufgegeben.
Das Lehramt ist in der evangelischen Kirche der Gemeinde
gegeben. Die Gemeinde urteilt darüber. Und sie soll zu ihrem
Urteil finden nicht nach dem Maß dessen, was ihr gefällt oder
ob sie zu der einen oder anderen Seite mehr Beifall zu klat-
schen geneigt ist. Sondern sie soll als mündige Gemeinde die
Bibel aufschlagen und selber schauen, wie's da steht. *Selber*
schauen und beurteilen, ob das, was der Herr Professor und
der Herr Generalsuperintendent heute abend hier vorgetragen
haben, übereinstimmt mit dem Glauben, den wir aus dem
Zeugnis der Propheten und Apostel gewonnen haben – das ist
evangelisch. Darum diskutieren wir vor der Gemeinde zu Fürstenwalde und vor mündigen Christen aus dem Sprengel Cottbus. Die Gemeindebezogenheit theologischer Arbeit ist ein
ursprünglich reformatorisches Anliegen. Und da läßt sich
heute nicht mehr gar so viel entdecken, wenn die Theologie zu
einer Wissenschaft geworden ist, in der vor allem Professoren
zu Professoren sprechen.

In einer Sache, die Sie angesprochen haben, will ich zu-
stimmen. Ich finde auch, daß das apostolische Credo defizitär
ist, wenn es sogleich von der Geburt Jesu zu Kreuz und Auferstehung springt. Allerdings hat gerade die reformierte Tradition diesen Sprung nachdenkenswert ausgelegt, wenn sie das
Wörtchen „gelitten" für Jesus als das Summarium der ganzen
Zeit seines Lebens auf Erden verstanden wissen wollte (Hei-

delberger Katechismus, Frage 37). Das ist leider heute nicht
mehr bewußt, zumal die gottesdienstliche Gemeinde das
Glaubensbekenntnis an dieser Stelle immer in Betonung und
im Zusammenhang mit dem Namen Pontius Pilatus aus-
spricht: „... gelitten unter Pontius Pilatus." Und dadurch entsteht tatsächlich eine Lücke zwischen Bethlehem und Golgatha, eine Lücke zwischen Geburt und Tod. Diese Lücke müßte
man ausfüllen. Ich zitiere einen Vorschlag, den der evangelische Theologe Berthold Klappert in Wuppertal gemacht hat.

„Wir glauben an Jesus, den Juden, den Messias, unseren
Herrn, getauft von dem Täufer Johannes, erfüllt vom Heiligen
Geist, um die ganze Thora zu erfüllen, der für die Lebenden
wohltätig sorgt und der die Armen seligpreist, der die Fallen-
den stützt und die Kranken heilt, die Gefangenen erlöst, die
Ausgestoßenen annimmt und der von dem Gott redet, der die
Toten belebt in großer Barmherzigkeit."

Das sind diskussionswürdige Formulierungen. Aber ich
möchte sofort hinzufügen: Auch diese Sätze hätten nur Saft
und Kraft und wirkliche Überzeugung, wenn die anderen
Sätze bleiben: Daß er geboren ist von der Jungfrau Maria,
was nach meinem Verständnis nichts anderes heißt als – in
einer damaligen zeitgemäßen Form –, er ist geboren ganz und
gar aus dem Willen Gottes; darum ist er „wahrer Gott" und
„wahrer Mensch". Das Dogma von der Jungfrauengeburt will
das unverzichtbare Bekenntnis der Kirche zur wahren Gott-
heit und Menschheit Jesu Christi wahren. Das darf nicht aufgegeben werden. Und natürlich muß auch im Bekenntnis
bleiben, daß er gelitten hat *für uns* und daß er gestorben ist
für die Sünden der Welt. Die Rede vom stellvertretenden Leiden Christi, vom Sühnetod am Kreuz, von der Versöhnung
der Welt mit Gott durch das Kreuz – das ist unverzichtbar.
Und schließlich seine Auferweckung von den Toten: Daran
hängt alles. Und die bestreiten Sie. Und daher bin ich ganz

dankbar, wenn Sie sagen, es sei ja im Grunde genommen nicht mehr im traditionellen Sinne christliche Theologie, die Sie da trieben, sondern – und das muß kein Schimpfwort sein – eben häretisch und gnostisch. Recht so. Es ist Ihnen zu danken, daß Sie das so deutlich geklärt haben. Da kann das Gespräch weitergehen.

Frage:
Die Kategorie der Ehrlichkeit für meinen Glauben gefällt mir nicht. Das Geheimnis der Auferstehung wird zerstört. Wir haben es mit Gott zu tun. Mein Gefühl bei Lüdemanns Thesen: Peinlich, wie die intimste Zurschaustellung eines Liebesaktes etwa. Sie bewerten Ihren Intellekt zu hoch. Sie glauben im Prinzip nur, wenn Sie es sich vorstellen können. Wir konnten uns die Wende auch nicht vorstellen, dennoch ist sie geschehen.

Gerd Lüdemann:
Ich finde, Sie vergleichen hier zwei unterschiedliche Dimensionen. Das kann man nicht miteinander vergleichen. Bei dem einen handelt es sich um historische Prozesse, die mit Wissenschaft nichts zu tun haben, beim anderen handelt es sich um Erforschung, die eine lange Geschichte hat in der Forschung von Geschichte und Kultur und Religion an der Universität. Zur Ehrlichkeit möchte ich sagen, daß ich nicht suggeriere, daß andere unehrlich sind, aber ich muß für mich in Anspruch nehmen, aufrichtig zu sein und wahrhaftig zu sein. Und im Konflikt zwischen Kirche und Wahrhaftigkeit hat die Wahrhaftigkeit den Vortritt. Das ist meine eigene Philosophie. Ich darf kurz noch anknüpfen an das, was Herr Wischnath gesagt hat, und den Vorwurf der Scheinheiligkeit ausdrücklich hier wiederholen. Und zwar auf der Grundlage einer empirischen Studie des Berliner Theologen Klaus-Peter Jörns. Darüber, was die Pfarrer glauben, wurde ermittelt, daß ein Drittel

an die Auferstehung gar nicht mehr glaubt.[23] Da wurden auch andere Fragen gestellt, aus denen hervorging, daß zwischen dem, was die Pfarrer heute aktuell glauben, und dem, was sie bei der Ordination versprechen, ein großer Widerspruch klafft. Ich erwarte darüber einmal klare Worte. Hier ist empirisch bewiesen worden, was ich schon immer gesagt habe. Und meine Devise wäre jetzt nicht, den Pfarrern Vorwürfe zu machen. Die können ja nicht anders, weil die Kirche sie heutzutage gar nicht mehr einstellt. Mein Vorschlag wäre, so ehrlich zu sein und sich an einen Tisch zu setzen und Glauben ganz neu zu formulieren. Noch einmal. Das mit der Wende ist eines, aber die wissenschaftliche Erforschung von Dingen ist etwas anderes. Und niemand wird doch bestreiten, meine Damen und Herren, daß die Wissenschaft in den letzten 250 Jahren enorme Fortschritte gemacht hat und wir in einer wissenschaftlich-rationalen Welt leben, die wir einfach nicht abstreifen können. Jedesmal wenn wir mit dem Flugzeug fliegen oder wenn wir ein Hochhaus betreten, dann können wir uns ja nur darauf verlassen, daß alles klappt, weil alles sorgsam erforscht worden ist. Das wollen wir doch nicht hinter uns lassen. Wir wollen nach vorne gehen und diese Kritikfähigkeit, zu der dann auch die Wahrhaftigkeit und die Ehrlichkeit gehören, darin integrieren.

Frage:
Diese Frage geht an beide Referenten: Herr Generalsuperintendent Wischnath, geben Sie zu, daß das Wort Auferstehung mißverständlich ist? Was könnten Sie statt dessen sagen, was den Zeitgenossen erreicht, und dabei intellektuell redlich bleiben?

---

23 Klaus-Peter Jörns, Die neuen Gesichter Gottes. Die Umfrage „Was die Menschen wirklich glauben" im Überblick, München 1997.

Und diese Frage für Sie, Herr Lüdemann, formuliert: Wenn das Wort Auferstehung mißverständlich ist, wie sagt man das der Gemeinde verständlich? „Erschienen" ist auch mißverständlich und hat keinen Vergleichspunkt in unserer Lebenswirklichkeit.

Gerd Lüdemann:
„Erschienen" ist die griechische Übersetzung von „gesehen werden". Ich darf daher Ihre Frage so umformulieren: Wie sind heute „Visionen" verständlich zu machen? Jedesmal wenn wir nachts träumen, dann haben wir visionsähnliche Erfahrungen. Alle von uns träumen. Das sind Dinge, die wir nicht vorprogrammieren können. Und Visionen spielen heute in der Kunst, aber auch in der Psychotherapie eine große Rolle. Ich habe einige Jahre katathymes Bilderleben geübt, wo bestimmte Visionen, Bilder vorgegeben wurden und ich sagen mußte, was ich dort sehe. Das visuelle Element in unserem Leben ist viel, viel wichtiger, als wir es annehmen. Und ich würde den Prediger und die Predigerin ermutigen, das anzusprechen, nämlich unsere Fähigkeit zu sehen, immer mehr zu sehen. Und sehen bringt manchmal therapeutische Prozesse, Heilungsprozesse sogar in Gang. Ich denke, daß unsere Psyche durchaus Zugang dazu hat. Wobei ich sagen muß, das hat Herr Wischnath richtig verstanden, ich verlagere alles Geschehene in die Seele, in das Unbewußte. Sie sagen dagegen mit der Bibel „extra nos", außerhalb von uns. Und da ist ein großer Gegensatz.

Was heißt aber nun Auferstehung? Ich finde, unsere deutsche Sprache ist hier sehr hilfreich. Auferstehung heißt im wahrsten Sinne des Wortes: aufzustehen, stehen zu können im Leben, Grund unter die Füße zu bekommen. Das heißt für mich Auferstehung. Oder auch aufstehen, protestieren gegen das Unrecht, aufstehen aus der Knechtschaft. Dazu brauche

ich dann gar nicht mehr den vergangenen jüdisch-apokalypti-
schen Horizont. Da kann ich in konkreter Weise sagen, was
heute Auferstehung heißt. Und ich schließe mich hier an dieser Stelle in der Tat an Gnostiker an, die sich alles davon ver-
sprachen, selbst zu erkennen. Eine Sache muß ich noch sagen:
Es gab viele christliche Gnostiker. Und die christlichen Gnostiker, die aus der Kirche hinausgeworfen worden sind, ver-
folgt wurden, waren die Wegbereiter auf dem Weg einer
christlichen Theologie. Mit anderen Worten: Sie haben sich
selbst als Christen aufgefaßt. Sie wollten in der Kirche bleiben, aber die rechtgläubige Kirche hat ihre Machtmittel einge-
setzt und sie rausgeschmissen. Ich würde also den Anspruch
erheben, einen Minoritätsstandpunkt innerhalb der christlichen Kirche zu vertreten. Und ich lasse mich nicht so hinaus-
drängen, daß gesagt wird: Das ist doch ein Gnostiker. Wenn
schon, dann bin ich ein christlicher Gnostiker.

Rolf Wischnath:
Herr Lüdemann, ich frage mich inzwischen, was das Gespräch mit Ihnen für jemanden austrägt, der wie ich funda-
mental anders denkt als Sie. Welchen Dienst tun Sie mir? Und
was bringt das Gespräch für Sie? Ich will für mich sagen: Ihre
provokanten, ärgerlichen und widerspenstigen Thesen sind
eine heilsame Herausforderung für eine allzu satte und selbst-
sichere Kirche. Heilsam ist das insofern, als wir in und außerhalb der Kirche ja ohnehin neu gefragt werden, was denn der
Grund unseres Glaubens ist und wie man das alles als Mensch
eines ausgehenden Jahrhunderts und Jahrtausends verstehen
kann, was wir in der verfaßten Kirche oft so selbstsicher mit
Bibel und Bekenntnis von uns geben. Die Selbstgefährdung
meiner eigenen Position besteht ja gewiß darin, sich zu
schnell in die alten Formeln zu flüchten. Es käme aber darauf
an, die alten Formeln des christlichen Bekenntnisses nicht

einfach über Bord zu werfen, sondern sie so auszusprechen und auszulegen, daß die Menschen elementar verstehen und in ihrem Leben bewähren können, was das Evangelium meint, ihnen zusagt und von ihnen verlangt. Diese theologische Aufgabe – „Elementarisierung" ist der passende Ausdruck dafür –, die ist heute dran. Sie ist schwer, aber auch spannend und lohnend. Vielleicht ist unser Gespräch ja ein Schritt zu gelingender Elementarisierung.

Nach dem Begriff der „Auferstehung" wurde gefragt. Ich habe diesen Begriff in meinem Einleitungsvotum fast ganz vermieden und meist von der „Auferweckung" gesprochen. Dadurch wird deutlich, daß da nicht einer gewesen ist, der sich gleichsam aus eigener Kraft aus dem Tod ins Leben befördert hat, wie es das von Gerd Lüdemann zitierte gnostische Wort glauben machen will. Hier ist der Gegensatz zwischen Lüdemann und mir ja prägnant von ihm selber beschrieben worden:

In der Tat, für mich hängt alles am „extra nos" des Ostergeschehens, das heißt: Zu Ostern ist im Grab des Joseph von Arimathia, in das man den Gekreuzigten gelegt hat, etwas geschehen „extra nos", außerhalb von uns, außerhalb von uns in der Kraft des Gottes, der nicht ein Produkt meines Inneren und meines Ichs ist, sondern nach dem Zeugnis des Volkes Israels und nach dem Zeugnis Jesu der ist, der Himmel und Erde geschaffen hat. Im Grab zu Jerusalem hat sich die Schöpferkraft Gottes neu erwiesen – wie am Anfang aller Zeit. Mit dem Bekenntnis zu Gott dem Schöpfer beginnen alle Gottesdienste: Unsere Hilfe steht im Namen des Herrn, der Himmel und Erde geschaffen hat. Herr Lüdemann, wie stellen Sie sich eigentlich die Schöpfung vor? Was ist für Sie der Anfang aller Dinge?

Nun postulieren Sie die Redlichkeit theologischer Argumentation. Redlichkeit heißt Rechtschaffenheit und Ehrlich-

keit. Nun gut, die aber könnte doch auch gerade darin bestehen, daß wir in unserer Situation sagen, wir haben noch keinen besseren Begriff als den der „Auferstehung" oder „Auferweckung", auch wenn er nicht auszuloten vermag, was da
geschehen ist und was einmal geschehen soll. Und es sind ja
auch ungeheuerliche Behauptungen, die mit diesen Worten
verbunden sind. Paulus hat auf den ungeheuerlichen Zusammenhang hingewiesen, als er mit den korinthischen Häreti-
kern über die Auferstehung in 1. Korinther 15 diskutiert hat.
Die Auferweckung Jesu Christi, sagt er, schließt die Auferweckung der Toten – gemeint sind alle Toten! – ein. Herr
Lüdemann hat vorhin die Absurdität dieses Glaubens vorgeführt, indem er auf die Milliarden hingewiesen hat, die schon
gelebt haben und vermutlich noch geboren und leben werden.
Wo sollen die denn alle hin? Ja, das ist wirklich eine tolle und
absurde Hoffnung, die die Christen haben! Hans-Joachim
Iwand, der Lutheraner aus Ostpreußen, der nach dem Krieg
auch in Göttingen Theologie gelehrt hat, hat dazu einmal
geschrieben:
„Das ist der Machterweis Gottes, der am Ende der Tage
steht. Aber jeder von uns weiß, daß wir erschrecken, wenn
wir eine solche Behauptung aussprechen. Wir erschrecken
vor uns selbst. Es bedarf nicht erst der Einrede unserer Gegner ... wir wissen selbst, daß wir damit etwas sagen, was
unseren Sinnen und unserer Vernunft nie, nie eingehen wird.
Das sprengt einfach alle Begriffe von Welt und Wirklichkeit,
mit denen wir uns im Dunkel dieses Äons notdürftig zu orientieren suchen. Aber wie sollte es anders sein? Wie sollten
unsere Sinne und Begriffe noch gelten, wenn die ganze Wirklichkeit, in der wir jetzt leben, die Todeswirklichkeit aufge-
hoben wird? Meinen wir, man könnte die neue Wirklichkeit,
die dann aufbrechen wird (und in der Auferweckung des
Gekreuzigten schon angeldhaft angebrochen ist), mit den

Maßstäben und Begriffen fassen und messen, die aus dieser Welt genommen sind?"[24] In diesem Sinne sind „Auferweckung" oder „Auferstehung" unzulängliche Begriffe. Sie sind aus unserer Alltagserfahrung gewonnen: Das erleben wir jeden Tag. Ich werde aufgeweckt – in der Regel durch meinen Wecker oder durch meine Frau –, und dann stehe ich auf. Das ist von alltäglicher Banalität. Und diese Banalität täglicher Erfahrung nehmen wir nun, um mit der Hinzufügung von „er" eine Wirklichkeit zu beschreiben, von der wir noch keine eigene Erfahrung haben. Deswegen sprechen wir von Auferweckung oder von Auferstehung. Gemeint ist die endgültige Vernichtung des Todes und ein neues Leben und das Schauen Gottes in diesem neuen Leben – ohne Ende. Und dafür habe ich keinen besseren Begriff als den Begriff der Tradition angelehnt an einen alltäglichen Vorgang: Auferweckung und Auferstehung. Schade finde ich, daß im Deutschen in diesen Begriffen nicht mitklingt, was von den Psalmen her mitklingen muß: nämlich die ungeheure Sehnsucht der Frommen danach, daß Gott endlich aus seiner Verborgenheit heraustritt: „Wann werde ich Dein Angesicht sehen, oh Gott?!" Die Sehnsucht des in der Not, auch in der Not der Argumentation sich befindenden Menschen, endlich dahin zu kommen, daß Gott ihm selber erscheint, unwidersprechlich – und nicht nur ihm, sondern auch denen, die den Glauben an Gott bestreiten und belachen, diese Sehnsucht ist ursprünglich mit jenen Begriffen verbunden. Und davon merkt man leider in der deutschen Sprache nicht viel.

---

24 Hans-Joachim Iwand, Der Name des Herrn, Bekennende Kirche 38, 1936, S. 48.

Frage:
Die Frage geht an Herrn Generalsuperintendent Wischnath.
Können Sie sich eine Theologie vorstellen, die mit der Kirche
nichts zu tun hat? Welchen Sinn hätte diese Theologie?

Rolf Wischnath:
Nein, ich kann mir keine Theologie vorstellen, vor allem
keine evangelische Theologie, die nichts mehr mit der Kirche
zu tun hat. Eine Religionswissenschaft kann ich mir so vorstellen, die auch außerordentlich kritisch mit dem christlichen
Glauben umgehen mag. Und das, was Herr Lüdemann betreibt, ist wohl auch nach seinem eigenen Verständnis eine
Form intensiver Religionswissenschaft. Warum sollte die Kirche mit einer solchen kritischen Wissenschaft nicht achtsam
und weniger ängstlich umgehen: auch mit einer gnostischen
Minorität innerhalb ihrer selbst? Wir könnten durchaus mehr
Vertrauen dazu haben, daß sich die Wahrheit des Evangeliums
und die Wahrheit der Auferweckung durchsetzen.

Gerhard Thomas:
Wir kommen nun zu den Schlußworten. Nicht in dem Sinn
„Der Angeklagte hat das letzte Wort". Es gibt hier keine Klä-
ger und keine Angeklagten.
Ich erlaube mir, mein Schlußwort zu sagen. Ich habe mich
heute abend immerzu an meine Studienzeit in der zweiten
Hälfte der fünfziger Jahre erinnert gefühlt, als ich in Leipzig
und in Rostock Theologie studierte, und an meine Jahre als
junger Pfarrer. Mit manchen Freunden zusammen habe ich
damals Rudolf Bultmanns Theologie für mich persönlich und
für mein Dilemma zwischen Glaube und Theologie als eine
große Befreiung empfunden. Ich würde dies bis heute so
sehen. Jedenfalls hat es mich nicht dazu gebracht, mein
Christsein zu verlassen, sondern eher zu stabilisieren. Ich

habe mit großer Spannung heute abend zugehört. Wir sagen in
unsrer Kirche ja jetzt öfter, daß wir missionarisch sein wollen
in dem Sinne, daß wir mit der Botschaft alle Menschen erreichen möchten, auch die ganz Säkularen, auch die, die unserer
Tradition ganz entfremdet sind. Von daher denke ich, wir
brauchen eine sehr breite, zur Not auch kontroverse Palette
von Verkündigern. Ich finde es gut, daß es Ketzerhüte in unserer evangelischen Kirche denn doch nicht gibt.

Schlußwort Gerd Lüdemann:
Ich möchte einiges sagen im Anschluß an das, was Herr
Wischnath noch einmal gesagt hat. Ich rufe in Erinnerung,
was er sich vorstellt über die Zukunft unserer Welt. Er rechnet in der Tat damit, daß am Ende der Welt Milliarden von
Menschen auferstehen werden. Wenn jetzt die Erde noch hundert Jahre existiert, geht es in die Hunderte von Milliarden.
Ich frage, wohin so etwas führt. Werden Tiere auch auferstehen? Werden die Schädlinge auferstehen? In welchem
Zustand werden wir auferstehen? Was ist mit den Föten, die
abgetrieben worden sind? Ich meine, allein das Nennen dieser
Meinung und das Aufzählen der mit ihr verbundenen Absur-
ditäten erweisen, daß das genauso absurd ist, wie zu sagen,
daß ein kalter Leichnam mit einem Schlag wieder lebendig
gemacht wird. Irgend etwas stimmt hier nicht. Und irgendwie
sind wir, wenn wir so etwas voraussetzen, auf dem Weg ins
tiefe Mittelalter. Denn zu viele Menschen werden durch die
Absurdität dieser Behauptungen, die zugegebenerweise nicht
im Mittelpunkt der Ausführungen von Herrn Wischnath stehen, die aber immer vorausgesetzt sind, am Glauben gehindert. Denn die meisten Menschen wollen verstehen, was sie
glauben. Und sie sollen keine Märchen glauben. Glaube ist
etwas ganz anderes. Und hier würde ich dann wieder zu meinem Vorschlag kommen, den Glauben ganz neu zu verstehen

im Rahmen der Unterscheidung von faith und belief. Ein Glaube an sich ist eine Primärerfahrung, die auf einem Getragensein beruht, die aber diesen Glauben gar nicht im einzelnen aussprechen kann: ein Glauben auf dieser Welt, der dazu hilft, in dieser Welt zu bestehen.

Ich wurde gefragt, wie ich das mit der Schöpfung sehe. Doch gewiß nicht so, daß Gott die Welt geschaffen hat, wie es in der Bibel steht! Solange es keine bessere Theorie gibt, setze ich die Richtigkeit der Theorie vom Urknall voraus. Was denken Sie denn? Wer das nicht tut, muß in fundamentalistischer Weise wieder zu den Schöpfungsberichten und den sieben Tagen zurückkehren. Dann haben wir wieder Zustände, wie ich sie bei meinen Amerikaaufenthalten immer wieder erlebe, daß dort auf den Fernsehschirmen fundamentalistische Prediger Kreationismus gegen Evolutionstheorie einbringen. Das kann doch auch nicht gemeint sein. Schöpfung heißt für mich, einerseits zu sagen: Urknall am Anfang. Aber in diesem Leben stellt sich bei mir das Gefühl eines Getragenseins ein, eines Getragenseins, das weiß, daß ich mir mein Leben nicht selbst verdanke. Es ist ein Geschenk. Aber darüber kann ich nicht weiter reden, indem ich sage: Gott hat es mir gegeben, weil dann gleich wieder die Frage eintritt: Wer ist denn Gott? Wie soll ich Gott beschreiben? Ich bleibe dabei, meine Gefühle der Dankbarkeit zu beschreiben. Und ich wende mich dagegen zu sagen, das sei nicht mehr extra nos. Ein Zauberwort von Theologen. Extra nos, das meint außerhalb von uns. Natürlich ist das, was mir zustößt, was ich als Gnade erfahre und empfinde, doch auch ein Geschenk extra nos. Natürlich ist die Selbsterkenntnis, wenn ich mich selbst erkenne und sehe, was in meinem Leben in Unordnung war, und in Harmonie mit mir selbst lebe – natürlich ist das auch extra nos, mir geschenkt. Und extra nos ist es jedesmal, wenn ich mit Menschen spreche, die mich lieben und mir etwas schenken. Das ist auch extra nos. Ich möchte Sie nur bitten, den

Ort des extra nos nur richtig zu finden und nicht zu projizieren auf ein illusionäres Jenseits, sondern hier im Leben das konkret auszusagen. Alles andere ist für mich Phraseologie, die sich darum drückt, in verständlicher Weise zu sagen, worauf es ankommt. Deswegen noch eine Bitte. Seien Sie doch alle ein wenig bescheidener. Ein bißchen mehr Bescheidenheit. Denn wenn wir über einen Gott sprechen, der Milliarden von Menschen erweckt und den wir zu kennen meinen, wenn wir sagen: Jesus ist der Kosmokrator, der Herr dieser Welt, der erhöht worden ist – dann ist das doch unbescheiden. Das können wir doch gar nicht verantworten, egal, ob wir in Deutschland oder auf Kuba leben. Das ist mein Anliegen. Ein bißchen mehr Bescheidenheit, ein bißchen mehr Blick für das, was möglich ist, und dann ein gutes Leben in Dankbarkeit führen. Ich danke Ihnen.

Schlußwort Rolf Wischnath:
„Ein bißchen mehr Bescheidenheit"? Würde das Ihnen, Herr Lüdemann, nicht auch gut anstehen? Unsere Diskussion hat gezeigt, daß wir im Grundansatz des Verstehens und der theologischen Arbeit unterschiedliche Wege gehen – ja gegensätzliche. Eine Verständigung ist schwer, ein Kompromiß erst recht, auch wenn ich finde, daß Gerd Lüdemann wichtige Fragen stellt und durch seine Position Kirche und Theologie herausfordert, wieder elementar zu werden und sich der Grundlagen zu vergewissern, vor allem aber darüber allgemeinverständlich Auskunft zu geben.

Wer entscheidet in diesem Streit? Was wäre der Beweis des Geistes und der Kraft? Da ich, lieber Herr Lüdemann, Sie mit meinen Voraussetzungen und meiner Sprache offensichtlich schwer erreichen kann, Sie selber aber haben deutlich werden lassen, daß unser Dissens vor allem in der Frage nach dem „extra nos" (außerhalb von uns) oder dem „in nos" (in uns) der theologischen Dinge liegt, greife ich zur Sprache eines anderen.

Ich zitiere Bert Brecht. Den mögen Sie vielleicht auch. Er hat in seinem Stück „Turandot oder der Kongreß der Weißwäscher" ein Streitgespräch nachgedichtet. Es erinnert an unser Gespräch vom heutigen Abend. Darum zitiere ich es in nur leicht veränderter, auf uns übertragener Form. In diesem Gespräch, das mehr ein Prüfungsgespräch als ein Streitgespräch ist, reden der Theologieprofessor und der Theologe Si Fu:

„THEOLOGIEPROFESSOR Theologe Si Fu, nenne uns die Hauptaufgabe der Theologie.

THEOLOGE SI FU Sind die theologischen Dinge außer uns, für sich, auch ohne uns, oder sind die Dinge in uns, für sich selbst, nicht ohne uns?

THEOLOGIEPROFESSOR Welche Meinung ist die richtige?

THEOLOGE SI FU Es ist keine Entscheidung gefallen.

THEOLOGIEPROFESSOR Zu welcher Meinung neigte zuletzt die Mehrheit unserer Theologen?

SI FU Die theologischen Dinge sind in uns, für uns selbst, nicht ohne uns.

THEOLOGIEPROFESSOR Warum blieb die Frage ungelöst?

SI FU Das Streitgespräch, das die Entscheidung bringen sollte, fand wie seit zweihundert Jahren im Kloster Mi Sang statt, welches am Ufer des Gelben Flusses liegt. Die Frage hieß: Ist der Gelbe Fluß als Geschöpf Gottes wirklich, oder existiert es solchermaßen nur in den Köpfen und Herzen? Während des Kollegs aber gab es eine Schneeschmelze im Gebirg, und der Gelbe Fluß stieg über seine Ufer und schwemmte das Kloster Mi Sang mit allen Streitgesprächsteilnehmern weg. So ist der Beweis, daß jene Dinge außer uns, für sich, auch ohne uns sind, nicht erbracht worden."[25] –

---

25 Frei nach Bertolt Brecht, Turandot oder der Kongreß der Weißwäscher, in: Bertolt Brecht, Gesammelte Werke, Bd. 5, S. 113–124, Frankfurt am Main 1977, S. 221f.

Ich schließe mit einer Nachbemerkung, die an meine Vorbemerkung vom Eingangsstatement anknüpft: Im diesjährigen Ostermonat, der für mich mit einem im Fernsehen übertragenen Ostergottesdienst hier aus dem Fürstenwalder Dom und dem Schlagabtausch mit Gerd Lüdemann begann, habe ich weit weg von hier und der deutschen Theologie die eindrücklichsten Auferstehungspredigten und die fröhlichsten Osterlieder meines Lebens gehört – auf Kuba, und dort in Konsequenz einer durch und durch stimmigen und glaubwürdigen Ostertheologie, einer anders akzentuierten als der meinen – wohl wahr. In den Gemeinden unserer Partnerkirche wurde die leibhaftige Auferstehung des Gekreuzigten drastisch bezeugt und gefeiert – zum Beispiel so, daß sich auf einem gemalten bunten Auferstehungskreuz (über dem Abendmahlstisch in einer reformierten Kirche!) sogar die Nationalfahne findet. Und weil die dort so drastisch an die reale Gegenwart des Auferstandenen glauben, darum fliehen sie aus der aussichtslosen „Realität" ihrer Insel nicht einfach weg – nicht weg von Kuba in ein besseres Land, und doch heraus aus den Gräbern, in denen sie viele ihrer Hoffnungen und selbst den Nationalhelden Che Guevara begraben mußten. Auf einem Stein in einem Gemeindecamp unserer Schwesterkirche fand ich den Spruch: „Es gibt bessere Zeiten als unsere. Aber diese sind unsere." Die Zahlen ihrer Gemeinden verdoppeln und verdreifachen sich gegenwärtig – jedes Jahr und unwiderstehlich, wie es scheint. An ein Wort Calvins mußte ich denken: „Das Leben der Kirche ist nicht ohne Auferstehung; noch mehr: nicht ohne viele Auferstehungen." Es ist mir dort zur unzweifelhaften „Erscheinung" und Anschauung geworden.

Und das alles hat meine eigene Ostertheologie noch einmal neu sortiert. Des Ärgers über Gerd Lüdemann bedurfte es dazu nicht. Dieser Ärger war mir, als ich zurückkehrte und die massenhaften Briefe las, die zu meinem Lüdemann-Artikel zustimmend und ablehnend geschrieben worden waren, eher peinlich. Denn klar war ja geworden, was ich vor meinem Besuch auf Kuba nur im Ansatz gewußt habe: Deutsch-wissenschaftliche Argumentationsreihen und Polemiken bringen oft nur einen theoretischen Glauben und eine theoretische Vergewisserung oder Ablehnung hervor – nicht selten allenfalls eine christliche Weltanschauung oder Apologetik, die schwerlich etwas ausrichtet. Der Beginn der neuen Weltgestalt in der Auferweckung des Gekreuzigten aber ruft sofort praktische und radikale Veränderungen in der Leiblichkeit des Zusammenlebens hervor. Und die wollen realistisch und solidarisch, wahrhaft „revolutionär" und natürlich auch theologisch überlegt angegangen werden. Auf Kuba habe ich im Ostermonat '97 begriffen, was Jürgen Moltmann mit dem Satz meint: „Aber die Veränderung des Ostermorgens sagt, daß dieser Eine – Jesus Christus – allen Anderen voran auferweckt ist und der Prozeß der Totenerweckung mit ihm in Gang gekommen ist, insofern, als diese Welt des Todes und der Aussichtslosigkeit und die kommende Welt des Lebens sich nicht mehr wie zwei getrennte Weltzeiten gegenüberstehen."

Könnte es nicht sein, Herr Lüdemann, daß der dreißig Jahre alte Satz von Ebeling, mit dem Sie begonnen haben, deswegen noch stimmt, weil Sie und ich und weil die deutsche Theologie im Habitus akademischer Unverfrorenheit uns weithin in den alten fruchtlosen Gleisen und Gegensätzen hält, in denen wir beide vor dreißig Jahren einmal zu studieren angefangen haben? Könnte es nicht sein, daß ein Professor und ein Generalsuperintendent – so deutscher theologischer Herkunft – einigermaßen beschränkt sind in der Wahrnehmung des biblischen Auferstehungszeugnisses und des sich daraus ergebenden Trostes fürs Leben, so daß wir die Teilnehmerzahl an dieser Diskussion hier eilig erweitern müßten – vor allem über den deutschen Bereich hinaus?

Frappierende Nähe zur vulgärmarxistischen Kirchenkritik

Hans-Jürgen Röder, epd-Wochenspiegel/
Ausgabe Ost 45 / 1997

Gerd Lüdemann ist nicht zimperlich, wenn er auf die Kirche und ihre Leitungen schimpft. Dabei beschreiben Begriffe wie Heuchelei, Scheinheiligkeit und Unehrlichkeit nur zurückhaltend seine Kritik, die offenbar so ziemlich alles in Frage zu stellen sucht, woran Christen glauben. Der Theologieprofessor, der an der Göttinger Universität seit 1983 einen Lehrstuhl für Neues Testament innehat, kann über öffentliche Wirkung nicht klagen. Seine Bücher, aber vor allem auch seine Beiträge in Zeitungen und Zeitschriften haben ihn in den letzten Jahren in den Kirchen längst zu dem werden lassen, womit er sich immer wieder gern beschäftigt: zu einem Ketzer.

Ob ihm die Rolle liegt, mag dahingestellt bleiben. An provozierenden Thesen wie der Behauptung, Jesus sei mitnichten vom Tode auferstanden und gen Himmel gefahren, wie es das Glaubensbekenntnis der christlichen Gemeinden formuliert, ist bei ihm jedenfalls kein Mangel. Um so heftiger sind zuweilen die Reaktionen auf seine akademisch vorgetragenen Ansichten. Damit beleidige er die Christen „so subtil und nachhaltig" wie kein anderer, schrieb in diesem Frühjahr der Cottbuser Generalsuperintendent Rolf Wischnath seinen Ärger von der Seele und löste damit in der Berliner Wochenzeitung „Die Kirche" eine Leserdiskussion aus wie lange nicht mehr.

Für das Kirchenblatt war dies wiederum Anlaß, beide zum Disput zu laden – am Vorabend des diesjährigen Reformationsfestes und in den altehrwürdigen Fürstenwalder Dom, der im Zuge eines langjährigen Wiederaufbaus ein modern gestaltetes Inneres erhielt. Diese Spannung zwischen Überkommenem und Neuem bot denn auch den angemessenen Rahmen für ein Streitgespräch, das allerdings bestenfalls reichte, um die widerstreitenden Positionen deutlich werden zu lassen.

„Wer glaubt denn noch an die Jungfrauengeburt?" rief Lüdemann den etwa 400 Gästen des Abends zu und mußte wohl mit Erstaunen registrieren, daß ihm einzelne Zuhörer lautstark und andere durch Handzeichen zu verstehen gaben, daß seine Überzeugung keineswegs von allen im Raum geteilt wurde. Was vielen dabei besonders zu schaffen machte, waren die Begründungen für seine Thesen, zumal sie fatal an vergangene Zeiten erinnerten.

„Das hab' ich schon in der Schule gehört", kommentierte eine Mittvierzigerin den Hinweis von Lüdemann, es sei biologisch gar nicht möglich, daß ein Leichnam nach drei Tagen „mit einem Schlag wieder lebendig wird". Und ähnlich „vulgärmarxistisch", wie ein anderer nach dem Disput betonte, erschien manchem der Zuhörer auch der Hinweis des Göttinger Theologen, er könne sich die Auferstehung der Toten nicht anders vorstellen, als daß dann irgendwann einmal hundert und mehr Milliarden Menschen plötzlich wieder die Erde bevölkern. Und das mache ja schon deutlich, was davon zu halten sei.

Wischnath wollte sich auf diese Ebene der Auseinandersetzung allerdings nicht einlassen. Ihn interessierte vielmehr, was Lüdemann mit seinen Ansichten in der Kirche wolle und worin sein Glaube letztlich besteht. Die Antwort ließ nicht lange auf sich warten: Er wolle als Theologe nach der Wahrheit suchen und könne nur glauben, was er auch verstehe.

Einen personalen Gott, zu dem er beten könne, gebe es für ihn nicht. Und Jesus Christus, an dessen Geburt vor nahezu 2000 Jahren alljährlich zu Weihnachten erinnert wird, sei mit seinem Gebot der Feindesliebe oder der Zuwendung zu Schwachen und Armen ein prägendes Vorbild. Wenn ihn die Kirche zum Herrn der Welt erkläre, könne er nur zur Wahrhaftigkeit und Bescheidenheit mahnen, sagte Lüdemann. Und damit lieferte er seinem Kontrahenten für dessen Schlußwort den passenden Begriff. Denn, so Wischnath, Bescheidenheit hätte er sich in dem gut zweistündigen Streitgespräch vor allem von Lüdemann gewünscht bei mancher der vollmundigen Äußerungen, mit der sich der Göttinger Theologieprofessor bei seinem ersten Auftritt in Ostdeutschland über Unmündigkeit von Gemeinden, über Phraseologie oder über Heuchelei in der Kirche ausgelassen hatte.

Das Grab Jesu: Leer oder voll?

Andreas W. Quiring, idea-Spektrum 45, 5. November 1997

Die Veranstalter des Streitgespräches hatten den Auftritt der beiden Kontrahenten so schön geplant: Im Altarraum des Doms im brandenburgischen Fürstenwalde errichteten sie drei Rednerpulte. Am linken Rednerpult sollte der höchst umstrittene Göttinger Professor Gerd Lüdemann („Maria wurde vergewaltigt", „Jesus ist nicht auferstanden") seine Thesen vertreten, rechts durfte der berlin-brandenburgische Generalsuperintendent Rolf Wischnath (Cottbus) argumentieren, und die Mitte war für den Chefredakteur des evangelischen Sonntagsblattes „Die Kirche", Gerhard Thomas, als Moderator vorgesehen. Aber die Technik verhinderte dieses Szenario mittelalterlicher Disputationskultur: Es funktionierte nur das Moderatorenmikrofon, und deshalb mußten sich Wischnath und Lüdemann zum Streiten in der Mitte treffen.

Es ist keine „Mitte" möglich

Was die theologischen Standpunkte anging, trafen sie sich aber nie in der Mitte. Sehr zum Leidwesen von Rolf Wischnath, der am Schluß der Veranstaltung zu idea sagte: „Ich hatte gehofft, es gäbe im Lauf des Abends einen erkenntnismäßigen Fortschritt. Sonst hätte ich mich auf dieses Streitgespräch gar nicht eingelassen." Lüdemann zeigte sich hingegen dankbar, daß es überhaupt zu diesem Termin am Vorabend des Reformationstages gekommen war: „Endlich einmal hat ein hochrangiger Vertreter der Kirche den Mut gefun-

den, mich nicht nur einfach abzukanzeln, sondern sich einem
Disput zu stellen." Lüdemann hatte mehrfach Bischöfe zum
öffentlichen Streitgespräch aufgefordert – vergeblich. 1996
sollte am 11. November ein solches Gespräch mit dem rhei-
nischen Präses Peter Beier stattfinden, der aber am Tag zuvor
starb.

Der Disput, der sich jetzt mit der Frage „Ist der Gekreuzigte verwest – oder war das Grab leer?" beschäftigte, lockte
etwa 500 Zuhörer in den Fürstenwalder Dom. „Die große
Resonanz, die dieses Streitgespräch findet, zeigt doch, daß es
hier um Fragen geht, die die Menschen bewegen", stellte
Wischnath im Anschluß fest. Und diese Menschen kamen aus
allen Alters- und Interessengruppen: So saß eine Gruppe junger Schüler von der pietistischen Gnadauer Bibelschule Fal-
kenberg ebenso im Publikum wie ein Pfarrer aus dem Kir-
chenkreis Ruppin, der sich eher in den Thesen Lüdemanns
wiederfindet. Trotzdem: Beide Kontrahenten hatten ein höfli-
ches Auditorium, das die Debatte nicht störte. In seinem Eingangsstatement wies Lüdemann auf die seiner Ansicht nach
widersprüchlichen Aussagen im Neuen Testament hin und
meinte: „Wir können heute nicht mehr sagen: Jesus ist auferstanden, wenn wahrscheinlich gemacht werden kann, daß das
Grab voll geblieben und Jesu Leichnam verwest ist. Steht aber
fest, daß die Auferstehung eine Interpretation der Jünger ist
und keine historische Tatsache, so wird der Weg frei zu Jesus,
wie er wirklich war."

Lüdemann beruft sich auf Engelhardt
Aber worum geht es nun Lüdemann, wenn Jesus nicht auferstanden ist? Der Theologe will sich darauf konzentrieren, wie
Jesus wirklich gewesen sei. Und weil er damit nicht allein stehen möchte, zitiert er den scheidenden EKD-Ratsvorsitzenden, Klaus Engelhardt, aus einem idea-Interview: „Es geht

schlicht darum, herauszubekommen: was ist wirklich Gottes Wort und was ist sogenannte Gemeindebildung, also erst nach dem Tod Jesu ihm in den Mund gelegt worden." Ihm, Lüdemann, gehe es auch darum herauszufinden, was Jesus wirklich gesagt habe. Und das seien seiner Ansicht nach nur etwa 15 Prozent der biblisch überlieferten Jesusworte, alles andere sei Interpretation und Verfälschung.

Wiederbelebung der Gnosis
Im Verlauf der sachlich geführten Debatte warf Wischnath Lüdemann vor, seine Position sei eine Wiederbelebung alter gnostischer Positionen, also der Lehre, die eine Menschwerdung Gottes und die leibliche Auferstehung Jesu Christi ablehnt. Dem widersprach Lüdemann nicht, im Gegenteil: „Ich schließe mich in der Tat der Gnosis an. Aber wenn schon, dann möchte ich ein christlicher Gnostiker sein." Darüber hinaus fehlte dem Generalsuperintendenten in den Aussagen Lüdemanns der Praxisbezug: „Wir brauchen Professoren, die sagen, was sie glauben, und keine Professoren, die sagen, was sie nicht glauben", forderte Wischnath. „Ihre Aussagen, Herr Lüdemann, lassen das Herz der Menschen nicht brennen, sondern verdorren."

Der Tropfen im Ozean
Später hatte Lüdemann Gelegenheit, konkreter zu werden. Denn die Zuhörer konnten sich im zweiten Teil des Abends mit Fragen in die Debatte einmischen. Wie der persönliche Glaube des Professors aussehe und wie er sich seinen Tod vorstelle, wollten sie wissen. „Wenn ich sterbe", antwortete Lüdemann, „ist das, wie wenn ein Tropfen in einen großen Ozean eingeht. So werde ich in den großen Zusammenhang eingehen, den man als Gott bezeichnet." Lüdemann erklärte, Glaube sei für ihn nicht das Festhalten an irgendwelchen

Glaubensinhalten, sondern das Verwurzeltsein in etwas, auf das man sich verlassen kann. Er bete nicht zu dem Auferstandenen, sondern erinnere sich einfach an Jesu Worte: „Seine Botschaft gibt mir Wärme und ermutigt mich, so weiterzuleben. Er bietet eine Perspektive, die keine Auferstehung verspricht, aber einen Lebenssinn." Und Auferstehung bedeute für ihn: aufzustehen, gegen das Unrecht zu protestieren, Boden unter die Füße zu bekommen.

„Die Bibel setzt sich durch"
Wischnath entgegnete, daß er Lüdemanns Glaubenssätze „natürlich nicht teilen kann". Sein Argument: „Die Heilige Schrift legt sich selbst aus und wird sich durchsetzen. Das weiß ich und hoffe es auch Ihnen gegenüber. Letztlich muß die Gemeinde selbst anhand der Bibel prüfen, ob dieser Vortrag Lüdemanns mit ihrem Glauben übereinstimmt oder nicht." Als weiteres Argument für seine Gegenposition in der „Auferstehungs- und Hoffnungsfrage" sprach der reformierte Theologe von der Einheit der Osterberichte: „Alle Texte bezeugen, daß der am Kreuz für uns gestorbene Jesus lebt, und zwar in dem Sinne, daß er den Tod in der Kraft Gottes definitiv hinter sich gelassen und die Macht des Todes gebrochen hat." Für Lüdemann seien die biblischen Aussagen zur Auferstehung Jesu ein Ergebnis seelischer Not und Hoffnung – also eine Erfindung. Das Bekenntnis aller Kirchen sage aber, daß es sich bei den Texten um Aussagen über wirkliche Ereignisse handelt. Schon wollten sich die evangelikalen Zuhörer über diese eindeutige Wertung freuen, da erteilte Wischnath ihnen eine Absage: „Aber auch hier gibt es Fallstricke, nämlich den Wirklichkeitsbegriff fundamentalistischer und biblizistischer Buchstabengläubigkeit, der notorisch versessen und beharrlich gefangen im religiösen Status quo ist." Anders ausgedrückt: Wischnath wendet sich dagegen, die

Bibel wörtlich zu nehmen, wie es viele Evangelikale tun. Wobei nicht deutlich wurde, was er eigentlich gegen die Position des „die Bibel-Wörtlich-Nehmens" hat. Nach seinen Worten hätten weder er noch Lüdemann eine Fotografie des leeren Grabes. Deshalb könne man auch keine Tatsachenaussage machen. Der Hinweis wurde vom Lüdemann-freundlichen Publikum mit Applaus honoriert, über den sich Wischnath sichtlich ärgerte: „Diese Frage wird nicht durch Applaus entschieden, sondern durch historische Wahrscheinlichkeit und den gewagten Glauben." Im Schlußwort meinte Lüdemann erneut, daß es absurd sei, zu glauben, ein kalter Leichnam würde wieder lebendig. „Zu viele Menschen werden durch diese Ansicht am Glauben gehindert." Sein Vorschlag sei es, Glauben neu zu verstehen als Primärerfahrung, die auf einem Getragensein beruht. „Ein Glaube, der hilft, in dieser Welt zu bestehen."

Theologen: „Wir sind beschränkt"
Wischnath schilderte zum Schluß eine Ostererfahrung, die er in diesem Jahr auf Kuba gemacht hat, wo, wie er sagte, „ich die eindrücklichsten Auferstehungspredigten und fröhlichsten Osterlieder meines Lebens gehört habe". Dort sei ihm klar geworden: „Deutsch-wissenschaftliche Beweisführungen und Argumentationsreihen und Polemiken bringen oft nur einen theoretischen Glauben hervor, der schwerlich etwas ausrichtet. Der Beginn der neuen Weltgestalt in der Auferweckung des Gekreuzigten aber ruft sofort praktische und radikale Veränderungen hervor." Und dann formulierte Wischnath die vielleicht wichtigste Frage des Abends: „Könnte es nicht sein, Herr Lüdemann, daß ein Professor und ein Generalsuperintendent – so deutscher theologischer Herkunft – einigermaßen beschränkt sind in der Wahrnehmung des biblischen Auferstehungszeugnisses und des sich daraus ergebenden Trostes fürs Leben?"

Lauter Visionen

Rainer Jung, Deutsches Sonntagsblatt 7. November 1997

Kann das Zufall sein? Im Zentrum der prachtvoll sanierten Domkirche von Fürstenwalde, 60 Kilometer östlich von Berlin, dominiert barocke Frömmigkeit. Eine Altartafel voller Bilder und Zeichen von Schmerz und Erlösung, Prunk und Verdammnis. „Verflucht sey, wer nicht alle Worte des Gesetz erfüllet", droht es in goldenen Lettern. Und genau davor steht der Stuhl, auf dem Gerd Lüdemann sitzen soll. Aber wahrscheinlich steckt dann doch keine Absicht dahinter. Der derzeit wohl bekannteste Dissident im deutschen Protestantismus bekommt jedenfalls einen freundlichen Empfangsapplaus. Etwa 500 Menschen sind zum Streitgespräch mit dem Göttinger Neutestamentler gekommen, und für die meisten von ihnen mag man das wörtlich nehmen: Unter überzeugten Gläubigen hat ein Theologe, der die Auferstehung Christi für ein Märchen hält und die kirchliche Theologie deswegen der Heuchelei zeiht, eben nicht viele Anhänger zu erwarten. Rolf Wischnath, Generalsuperintendent des Sprengels Cottbus und Lüdemanns Gegenpart, genießt einen Heimvorteil. Trotzdem bleibt das Publikum sachlich. Der medienerfahrene Gelehrte Lüdemann wird später loben, daß niemand hinausgegangen ist, was bei seinen Vorträgen sonst passiere. Aber dieser Abend, den die ostdeutsche Kirchenzeitung „Die Kirche" organisiert hat, ist eben auch eine Premiere. Drei Jahre lang hat man in christlichen Kreisen vornehmlich über, weniger mit Lüdemann geredet. Nun findet die Kontroverse tatsächlich unter einem Kirchendach statt. Und so sagt auch der umstrittene Gast, er sei froh, daß „endlich ein hochrangiger Vertreter der Kirche

den Mut gefunden hat, mich nicht abzukanzeln, sondern sich
dem Disput zu stellen". Womit der Ring eröffnet wäre. Lüdemann begründet seine These vom vollen Jesusgrab. Sein Ton-
fall ist zunächst professoral, gemäßigt provokativ. In den
Quellen des Neuen Testaments findet der Theologe nur
„Widersprüchlichkeit" zur Auferstehung, jedenfalls keinen
klaren historischen Beleg: Bei Markus beruht ihm allzuviel auf
Hörensagen. Matthäus und Lukas hätten geglättet. Und Paulus
erwähne das leere Grab nicht explizit, obwohl ihm die
Geschichte bei seiner Missionsarbeit hätte zupaß kommen
müssen. Lüdemanns Schluß: Die Auferstehungsbotschaft
müsse auf Visionen der Jünger beruhen. Und er wiederholt
noch einmal: „Vi-si-o-nen." Tatsächlich verweste Jesus im
Grab. Viele Theologen sähen das auch so, schwiegen aber.
Jetzt redet Lüdemann sich heiß. Kirchlicher Korpsgeist
blockiere seit Jahrhunderten das theologische Bemühen um
Ehrlichkeit und Wissenschaftlichkeit: „Oder glauben Sie wirklich, daß Christus am Ende der Zeiten über die Wolken zurück-
kommt?" will der hochgewachsene Mann plötzlich vom Publikum wissen. „Sollen viele Milliarden Menschen auf einmal
auferstehen? Was ist mit den Tieren?" Manchem Zuhörer däm-
mert, daß gerade das die starke Wirkung des Zweiflers Lüdemann ausmacht. Legitimiert durch historisch-theologische
Quellenkritik, bringt er die alte quälende Frage aus dem Kin-
dergottesdienst wieder aufs Tapet: Kann ich das hier glauben,
auch wenn es in meinen Schulbüchern anders steht? Nein, sagt
Lüdemann grimmig, und deshalb hinderten „absurde"
Bekenntnisse der Kirche viele Menschen am Glauben. „Denn
die meisten wollen verstehen, was sie glauben." Viele im
Publikum halten die Luft an. Rolf Wischnath holt aus zu einer
Entgegnung. Gegen Lüdemanns entwaffnendes Schlüsselwort
„Wissenschaftlichkeit" stellt der Regionalbischof die „Hoff-
nung", welche die Auferstehung stifte. Womit er sich trotz

scharfsinniger Formulierungen zunächst auf schwankendem
Boden bewegt – hoffen heißt eben nicht wissen. Doch dann
legt Wischnath einen Puzzlestein zum anderen. In ihrer zentralen Aussage seien die Evangelien doch sehr einheitlich, argumentiert er: „Der für uns gestorbene Jesus lebt." Und auch für
die Realität des leeren Grabes gebe es Anhaltspunkte. Wie
wolle man sonst beispielsweise das Ausbleiben eines traditionellen jüdischen Märtyrerkults um das Grab erklären? Oder
den Erfolg der Osterbotschaft in Jerusalem? Natürlich seien
das lediglich Indizien, konzediert Wischnath. Aber Beweise,
fügt er lächelnd hinzu, könne auch Lüdemann nicht bieten:
„Fotos vom Grab haben wir beide nicht." Die Visionshypothese des Göttingers sei aber in keinem Fall von den Texten
gedeckt. So gehe es, wissenschaftlich korrekt, um Wahr-
scheinlichkeiten, um Plausibilitäten, sagt Wischnath. Und um
Mut zu einem Glauben, „der unsere Sinne und Begriffe
sprengt". Denn nicht weniger beinhalte unsere Hoffnung auf
Auferstehung. Aber ist weniger nicht manchmal mehr? Oder
wenigstens besser zu bewältigen? Er bete nicht zum Auferstandenen, sagt Gerd Lüdemann, als ihn Zuhörer nach seinem
Glauben fragen. Aber er erinnere sich an Jesu Botschaft, schät-
ze seinen ethischen Anspruch und seine Entschlossenheit. Für
den Theologen Lüdemann ist Jesus vor seinem Tode auferstanden. Er verspricht uns keine Auferstehung, aber einen Sinn für
unser Leben. „Das ist doch schon eine ganze Menge." Und
sein eigenes Sterben, sagt der Göttinger, stelle er sich so vor,
„daß ich wie ein Tropfen in einen Ozean zurückkehre, den ich
Gott nennen würde". Jenen Gott, den er „in der Liebe, im Geschenk des Lebens" erfahre, aber nicht als persönliches Gegenüber. Eine Menge Zuhörer provozieren solche Vorstellungen.
„Armer Theologe", ruft eine Frau, und ein Mann: „Gründen
Sie doch Ihre eigene Kirche." Lüdemanns Gedanken sind nicht
wirklich ungewöhnlich, aber für diese Gläubigen haben sie die

Sprengkraft des Lauen, Beliebigen, von „Christentum light".
Wer so weit vom tradierten Bekenntnis zum Gott Israels – über
den Lüdemann sagt, aus der Bibel sei über ihn gar kein klares
Bild zu gewinnen – abweicht, betreibt der nicht Häresie? Für
einen Moment lädt sich die Stimmung unangenehm auf. Rolf
Wischnath rettet die Situation. Er versucht nicht, den Gegensatz
zu kitten. Statt dessen bedankt sich der Generalsuperintendent
einfach für Lüdemanns klare Darstellung seiner „häretischen
und gnostischen" Ideen, die er ganz und gar nicht teile, aber
respektiere. Und Wischnath geht noch einen Schritt weiter, um
einen liberalen Umgang mit Lüdemann vorzuführen. Das Prü-
fungsverbot, mit dem die Hannoversche Landeskirche den
Professor belegte, nennt Wischnath problematisch. Er könne
Lüdemann als Religionswissenschaftler akzeptieren, die von
dem Göttinger vertretene Trennung von akademischer Theologie und Kirche lehne er jedoch ab. Zudem müsse sich Lüdemann, der gerne Toleranz predigt, fragen lassen: „Wie gehen
Sie mit Kollegen um, wenn Sie sie als Heuchler herabsetzen?"
Nach mehr als zwei Stunden ist die Debatte noch lange nicht
am Ende, doch die Zeit verstrichen. Wischnath und Lüdemann
stellen sich gemeinsam vor die Fotografen. Angeregt diskutie-
rend, verlassen die Zuhörer das gut geheizte Gotteshaus. Heute
abend, das fühlen manche, treten sie direkt auf dem Vorplatz in
eine andere Welt. Eben jene Welt ist das, in der sich nach einer
DS-Umfrage nur jeder dritte Kirchgänger seinen Gott als persönliches Gegenüber vorstellen kann. Und in der nicht einmal
30 Prozent der Deutschen an die Auferstehung der Toten glauben, aber 44 Prozent an Astrologie. Es ist der Vorabend des
Reformationstages, und es ist kalt. Zwei Männer, Anfang 30
vielleicht, gehen vorbei. Ihre Stimmen sind leise, aber fröhlich.
Der Tag der Auferstehung komme, sagt einer lachend, und
wenn er komme, dann könne der Herr Professor Lüdemann ja
liegenbleiben.

Bildnachweis

Umschlagbild vorne: Beate Thierling; Umschlagbild hinten, Seiten 45 und 57: Rolf Zöllner; Seite 29: Grabplatte im St.-Marien-Dom zu Fürstenwalde

Bücher zur Theologie. Im Radius-Verlag

Traugott Giesen: *Festes Herz, weiter Horizont. Die guten Gebote.* 37 neue Predigten über die Zehn Gebote. Von Traugott Giesen, dem beliebten Sylter Pastor, »der mit seiner Erzählgabe die Menschen beflügelt« (SONNTAGSBLATT). *180 Seiten, Hardcover, 29 Mark*

Reinhard Höppner: *Segeln gegen den Wind.* Texte und Reden. Und ein Gespräch mit Günter Gaus. »Ein Lichtblick in der politischen Öde dieses Landes« (DER TAGESSPIEGEL). *140 Seiten, Hardcover mit farbigem Schutzumschlag, 29 Mark*

Walter Jens: *Die vier Evangelien.* Matthäus, Markus, Lukas, Johannes. »Unter so vielen blassen, holprigen, sprachlich schwerfälligen, rhythmisch lahmen Übersetzungen ist die von Jens nicht nur ein Geschenk an die Verkündigung, sondern auch an die deutsche Sprache.« (CHRIST IN DER GEGEN-WART). *480 Seiten, Hardcover, 64 Mark*

Jo Krummacher / Hendrik Hefermehl: *Ratgeber für Kriegsdienstverweigerer.* »Nach wie vor die erste Wahl« (EKZ-INFORMATIONSDIENST). *184 Seiten, Broschur, 29 Mark*

Gerd Lüdemann: *Jungfrauengeburt?* Die wirkliche Geschichte von Maria und ihrem Sohn Jesus. Ein weiterer wichtiger Beitrag zur historisch-kritischen Forschung. *152 Seiten, Broschur, 29,80 Mark*

Gerd Lüdemann: *Ketzer.* Die andere Seite des frühen Christentums. »Da die ›Ketzer des frühen zweiten Jahrhunderts Jesus genauso nahestanden, müßten sie in die Kirche heimkehren« (FRANK-FURTER RUNDSCHAU). *Wissenschaftliche Hardcover-Ausgabe: 320 Seiten, 68 Mark. Studienausgabe: Broschur, 268 Seiten, 42 Mark*

Gerd Lüdemann: *Das Unheilige in der Heiligen Schrift.* Die andere Seite der Bibel. »Gerd Lüdemanns Befund ist schlagend... Eine Theologie, die die Erwählung als makellosen göttlichen Heilswillen ausgibt und das daran klebende Blut und Unheil als ›Menschenwerk‹ wegschminkt, steht moralisch nicht höher als eine Zigarettenreklame, deren strahlende Gesichter mit Lungenkrebs nichts zu tun haben wollen« (DIE ZEIT). *136 Seiten, Broschur, 29,80 Mark*

Gerd Lüdemann: *Die Auferstehung Jesu.* »Rücksichtslos ehrlich« (DER SPIEGEL). *Wissenschaftliche Hardcover-Ausgabe: 280 Seiten, 68 Mark. Studienausgabe zusammen mit Alf Özen (Was mit Jesus wirklich geschah): 140 Seiten, Broschur, 29,80 Mark*

Gerd Lüdemann / Martina Janßen: *Bibel der Häretiker.* Die gnostischen Schriften aus Nag Hammadi. Erste deutsche Gesamtübersetzung. *632 Seiten, Hardcover, 96 Mark*

Kurt Marti: *Fromme Geschichten.* »35 Prosastücke, die in ihrer Vielfalt und geistigen Weite dicke Wälzer aufwiegen. Tendenziell das, was Heinz Zahrnt ›Aufklärung durch Religion‹ genannt hat« (SONNTAGSBLATT). *128 Seiten, Broschur, 29 Mark*

Klaus von Stieglitz: *Einladung zur Freiheit.* »Ein hervorragender Beitrag zum Dialog mit der Anthroposophie« (MATERIALDIENST DER EZW). *280 Seiten, Broschur, 29 Mark*

Hanna Wolff: *Jesus als Psychotherapeut.* Jesu Menschenbehandlung als Modell moderner Psychotherapie. »Eine ausgezeichnete, hilfreiche Studie ohne erschwerende Fachterminologie« (BUCH-PROFILE). *180 Seiten, Broschur, 36 Mark*

Prospekte beim Radius-Verlag · Olgastraße 114 · 70180 Stuttgart · Tel 0711. 607 66 66 · Fax 607 55 55